사회복지행정론

박영숙 · 천정환 · 강영실 · 고명석 · 김주연 · 황희숙 공저

도서출판 진 영 사

사회복지행정론

박영숙 · 천정환 · 강영실 · 고명석 · 김주연 · 황희숙 공저

2012년 12월 18일 초판인쇄
2012년 12월 20일 발　　행
발행인　박 진 영
발행처　도서출판 진영사
인천광역시 부평구 갈산동 16-22번지
전화 : 032)505-4207
팩스 : 032)505-4206
E-mail : 0183734207@hanmail.net
등록 : 122-91-77317

ISBN 978-89-6541-096-6 93330
값 12,000원

머리말

현대 사회는 산업화, 도시화, 핵가족화가 진행되면서 과거 전통적으로 가족에 의해 충족되었던 복지욕구들이 사회적 욕구로 전환되고 있고 아동, 청소년, 노인, 장애인, 여성 등 각 영역에서 다양한 사회 문제가 발생하고 있다.

이러한 사회복지 문제 및 욕구가 증대됨에 따라 이제 사회복지서비스란 과거와 같이 일부 소외 계층에게만 제공되는 것이 아닌 이제는 모든 국민들이 이용할 수 있는 보편적 서비스로 인식되어 보다 다양한 서비스와 프로그램이 요구되고 있는 상황이다. 또한 단지 생존을 위한 최소한의 수준이 아닌, 보다 풍요롭고 안정된 생활수준의 질적 향상에 대한 요구로 확대되고 있다. 사회복지행정이란 바로 이러한 사회복지의 이념이나 목적을 조직과 체계적 과정을 통해 달성하기 위한 수단으로서의 행정적 노력으로 사회복지조직에서의 행정의 역할은 증대되고 있으며 사회복지서비스의 질은 사회복지행정의 질에 의해 좌우되고 있고, 공식적이고 체계적인 조직들을 통한 실천 활동으로서 사회복지행정의 중요성은 더욱 강조되고 있다.

사회복지행정론이라는 과목은 사회복지학과 학생들이 다소 딱딱하고 지루한 과목으로 인식하기도 하지만 사회복지학도들이 졸업 후 사회복지사가 되면 대부분 사회복지기관이나 시설 등 사회복지조직에 소속되어 업무를 담당하게 되는데 다양한 업무 중에서 사회복지행정 업무를 맡게 되는 경우가 많다. 따라서 사회복지행정이라는 과목은 사회복지학도들이라면 필수적으로 이수해야하는 필수과목이기도 하지만, 후일 사회에 나가서 활동함에 있어서 많은 도움이 될 수 있으므로 반드시 그 내용들을 충실히 학습해 나가야 할 것이다.

본서는 사회복지학도들의 학습에 도움이 되도록 그 내용을 최대한 알기 쉽고 이해하기 쉽도록 구성하였다. 본서의 저자들은 각 대학교 사회복지학과 현장에서 사회복지학도들을 지도하고 있는 교수들로 그동안 관심을 두고 연구해 왔던 사회복지행정의 각 영역에 대한 내용들을 집필한 것이다.

본서는 총 12장으로 구성되었다. 즉 제1장 사회복지행정의 개념과 특성, 제2장 사회복지행정의 역사, 제3장 사회복지서비스전달체계, 제4장 사회복지행정의 이론, 제5

장 리더십, 제6장 기획과 의사결정, 제7장 인적자원관리, 제8장 재정관리, 제9장 홍보와 마케팅, 제10장 정보관리, 제11장 사회복지환경변화와 조직의 과제 그리고 제12장 사회복지행정 분야론으로서 교정복지행정론으로 구성되었다.

그 중 제1장과 제2장은 김주연 교수가, 제3장과 제4장 그리고 제11장은 박영숙 교수가, 제5장과 제6장은 고명석 교수가, 제7장과 제8장은 강영실 교수가, 제9장과 제10장은 황희숙 교수가 그리고 제12장은 천정환 교수가 집필하였다.

본서가 사회복지사로서 행복하고 건강한 사회를 만들고 이상적 복지국가가 실현되기를 꿈꾸는 사회복지학도들에게 많은 도움이 되기를 바라며 이 책의 출판을 맡아주신 진영출판사 박진영 사장님께 진심으로 감사를 드린다.

저자 대표 박영숙 교수

목 차

제1장 사회복지행정의 개념과 특성

사회복지행정의 개념을 파악하기 위해서는 사회복지의 개념과 일반행정의 개념을 명확히 규정하여야 한다. 왜냐하면 사회복지행정은 사회복지와 행정이 결합된 복합어이기 때문이다. 따라서 사회복지와 일반행정의 개념을 각각 규명하여 이를 기초로 사회복지행정의 개념을 살펴 보도록 한다. 또한 일반행정과 사회복지행정의 공통점과 차이점을 밝힘으로써 사회복지행정의 고유한 특성을 파악하도록 한다.

1. 사회복지행정의 대두

사회복지행정이란 공·사 사회복지조직이 조직의 틀 안에서 사회복지서비스를 생산하여 이를 필요로 하는 수요자에게 효과적·효율적으로 전달하는 활동이라 할 수 있다. 특히 현대사회의 사회복지 실천활동은 여러 유형의 사회복지조직에서 수행되고 있기 때문에 사회복지조직에서 수행되는 행정에 대한 지식과 기술을 반드시 이해하여야 한다.

현대사회의 특징인 산업화, 도시화 및 핵가족화는 여러 유형의 사회문제를 발생시키었고, 제2차 세계대전이후 많은 나라들이 복지국가를 천명함에 따라 국민의 사회적 욕구가 양적인 면에서 다양화되었고 질적인 면에서 고도화되었다. 이에 따라 국민의 사회적 욕구를 충족시키고 사회문제를 해결하기 위하여 다양한 유형의 사회복지조직이 설치되었다. 사회복지조직에서 생산된 사회복지서비스는 사회복지조직에서 행정이 어떻게 이루어지느냐에 따라 결정적인 영향을 받게 된다. 즉, 사회복지서비스의 질은 사회복지행정의 질에 좌우된다 할 수 있을 것이다.

사회복지조직에서 생산한 서비스를 필요로 하는 소비자에게 효과적이고 효율적으로 전달하기 위해서는 서비스의 생산과 전환, 전달과 관련된 활동이 조직을 통해서 이루어져야 한다. 조직을 통한 사회복지 실천활동을 촉진하고 조성하며 조직을 관리하기 위한 체계적인 노력이 필요하게 되었는데, 이러한 체계적 노력의 일환으로 사회복지행정이 대두하게 되었다.

우리나라는 1990년대 이전까지 사회복지조직에서 수행된 실천활동들이 사회복지행정의 중요성과 필요성을 재대로 인식하지 못한 채 시행됨에 따라 많은 시행착오를 범하게 되었다.

1980년대 말 사회복지법령과 제도가 구비되어 각종 사회복지조직이 늘어나게 되었고 이들 사회복지조직을 유지 발전시켜 나가기 위해 사회복지행정의 중요성을 인식하기 시작하였다(최성재 · 남기민, 2001).

기획, 조직, 인사, 재무, 통제, 지도와 같은 행정기능에 대한 지식과 기술이 없다면 사회복지조직의 목적이 달성될 수 없으며 사회로부터 인가받은 책임성 이행도 달성할 수 없을 것이다. 따라서 사회복지조직의 목적을 효과적 · 효율적으로 달성하기 위해서는 조직과 행정에 대한 이론과 지식, 기술을 구비하여야 한다.

이처럼 사회복지행정의 필요성과 중요성을 새롭게 인식함에 따라 사회복지 행정에 대한 체계적인 연구가 진행되었다.

2. 사회복지의 개념

사회복지의 개념은 다양한 시각에 의해 파악될 수 있지만, 여기에서는 로마니신과 윌렌스키와 르보의 견해를 중심으로 사회복지의 개념을 파악해 보기로 한다. 로마니신(J. M. Romanyshyn)은 사회복지의 주체인 국가의 사회복지에 대한 태도가 적극적인가 소극적인가를 기준으로 소극적 사회복지와 적극적 사회복지로 사회복지를 구분하여 그 개념을 파악하였고(Romanyshyn, 1971: 3), 윌렌스키(H. I. Wilensky)와 르보(C. N. Lebeaux)는 사회복지의 공급주체가 누구냐를 기준으로 사회복지를 잔여적 사회복지와 제도적 사회복지로 구분하여 개념을 파악하였다(Wilensky & Lebeaux, 1965). 로마니신의 소극적 사회복지는 윌렌스키와 르보의 잔여적 사회복지에 해당하고, 적극적 사회복지는 제도적 사회복지에 해당된다.

1) 협의의 사회복지

협의의 사회복지는 소극적 사회복지 및 잔여적 사회복지를 의미하는 개념으로서 사회복지의 공급주체가 개인과 가족이며 대체로 국가는 개인이나 가족의 사회복지에 대하여 소극적 태도를 보인다. 이 개념에 의하면 개인이나 가족의 욕구는 가족과 시장이라는 제도에 의해 충족되는데 개인이나 가족에 의해서 욕구충족에 실패할 경우 사회와 국가가 개입하여 개인의 한정된 욕구를 충족하게 된다. 즉, 국가와 사회의 개입은 잔여적이고 소극적 성격을 지니게 된다. 국민기초생활보장제도가 이 개념에 해당된다.

2) 광의의 사회복지

광의의 사회복지는 적극적 사회복지와 제도적 사회복지를 의미하는 개념으로서 사회복지의 공급주체가 사회와 국가이며 그들의 적극적인 활동을 필요로 한다. 이 개념은 개인과 가족을 포함한 전 국민의 욕구충족은 국가와 사회의 책임이라는 입장이다. 또한 국가와 사회는 사회문제의 해결을 위하여 제도를 만들고 변화시키며 사회문제의 예방기능까지 수행하도록 적극적으로 개입하여야 한다.

3. 일반행정의 개념

사회복지행정의 개념을 규정하기 위해서는 먼저 일반행정에 대한 개념을 살펴보아야 한다. 그러나 일반행정의 개념을 규정하는 작업이 그리 용이한 것만은 아니다. 왜냐하면 사람에 따라, 시대에 따라, 지역에 따라 일반행정의 개념이 다르기 때문이다. 또한 행정의 한계가 명확하게 규정되어 있지 않을 뿐만 아니라 최근 행정의 범위와 내용이 계속해서 확대되고 있기 때문이기도 하다. 즉 행정의 내용과 범위, 기능이 동태적으로 변하고 있기 때문에 일원론적 통설로서의 일반행정의 개념 규정이 어렵다(김익균 외, 2003).

박동서는 일반행정의 개념을 명확히 규정하기 어려운 이류로 첫째, 개념규정의 대상이 되는 행정현상이 자연현상과 달리 인간의 행동이기 때문이고, 둘째, 개념 규정이라고 하는 것이 현상의 인식(Perception)을 통하여 어떤 관념이나 생각을 갖게 됨으로서 이루어지기 때문에 이를 규정하려는 사람의 주관이 개입하게 되어 보편성이 저하될 수밖에 없기 때문이라고 지적하고 있다(박동서, 1997).

행정의 개념을 규정하는 것이 어렵다 하더라도 또한 행정의 개념이 다양하다 하더라도 다음 단계의 논의를 진행하기 위해서는 행정의 개념을 규정하지 않을 수 없다. 다양하게 규정된 행정의 개념을 살펴보면 공통되는 부분이 존재하기 마련이어서 공통점을 추출하여 행정의 일반적 개념을 규정해 볼 수 있다. 행정의 개념 중 공통되는 요소를 추출해보면 다음과 같다.

① 조직의 규모가 크든 작든, 공통의 목적을 달성하려는 모든 조직은 행정을 필요로 한다.
② 모든 행정은 목표 지향적 활동을 수행한다.
③ 모든 행정은 협동적 활동을 수행한다.
④ 모든 행정은 과업 지향적 활동을 한다.

이러한 공통요소를 조합하여 일반행정의 개념을 정의해보면, 행정이란 특정 조직의 구성원이 공통의 목표를 달성하기 위하여 조직, 기획, 인사, 지도, 통제 등의 활동을 수행하고 이 활동을 통하여 조직이 필요로 하는 자원을 조달하여 배분하고 집행하는 활동이라 할 수 있다.

일반적으로 행정의 협의의 개념은 정책을 배제한 개념으로 정책을 실천하기 위한 관리활동이라 할 수 있다. 이러한 행정의 개념은 정책을 형성하는 기능은 없고 단지 정책을 수행하는 수단이나 과정으로서의 조직의 부분적 활동을 의미한다.

한편 행정의 광의의 개념은 정책을 포함한 개념으로 조직의 정책형성과 정책을 실현하기 위한 기획, 실행, 평가, 변화 등을 포함하는 조직의 전반적인 활동을 의미한다.

4. 사회복지행정의 개념

사회복지행정은 사람에 따라 지역에 따라 시대에 따라 각각 다르게 정의되고, 또한 각국의 사회경제적 환경에 따라 각각 다르게 정의되기 때문에 일원론적 통설을 기대할 수 없다. 이러한 이유로 사회복지행정의 개념에 대한 논의가 활발히 전개되어 왔지만 아직까지 명확한 개념 규정이 이루어지지 못하고 있다.

개념규정에서 이론적 일치를 이루지 못하고 있는 이유는 사회복지행정의 관리적인 측면과 기능적인 측면 어느 부분을 강조하는가에 따라, 그리고 사회복지를 인지하는 시각의 차이, 즉 미시적 차원에서 보느냐 또는 거시적 차원으로 보느냐에 따라 그 개념이 달라지기 때문이다. 이를 참고하여 사회복지행정의 개념을 구분하여 파악해보면 다음과 같다.

1) 협의의 개념

던햄(Dunham)은 사회복지행정은 사회사업기관이나 시설에 의한 직접적인 서비스제공에 필요하고, 또한 부수적인 활동을 지원하거나 촉진하는 과정에서 필요하며, 사회사업기관이나 시설에서 필요한 행정활동을 정책의 결정, 기록의 보관, 회계, 지속적 서비스의 실행 등 기본적 활동과 리더십 등을 포함한다(Dunham, 1962)는 견해를 밝히고 있다. 스키드모어는 사회사업행정(social work administration)은 사회정책을 사회복지서비스로 전환하는 과정으로서, 사회복지 서비스를 효과적으로 공급하고 전달하는 것을 용이하게 하는 방법이라고 정의하고 있다(Skidmore, 1983). 이들의 정의는 행정을 관리의 과정으로 보는 입장이며 사회복지기관의 행정을 지칭하는 협의의 사회복지행정이라 할 수 있다.

협의의 개념을 사회사업행정이라고도 하는데, 이때에는 사회복지행정을 사회사업방법의 하나로 이해하려는 견해이다. 사회사업방법이란 변화대상체계에 대한 계획적인 개입을 통하여 변화를 초래하는 활동과정이라 할 수 있는데, 사회사업방법으로는 개별사회사업, 집단사회사업, 지역사회조직사업 및 사회사업행정 등이 있다. 개별사회사업은 개인과 가족의 변화를 초래하기 위한 방법이고, 집단사회사업은 집단 속의 개인의 변화를 초래하기 위한 활동이고, 지역사회조직사업은 특정지역을 대상으로 변화를 초래하려는 활동이며, 사회사업행정은 사회사업서비스를 계획하여 전달하는 사회사업조직(기관)을 대상으로 변화를 이루어 가는 과정이라고 할 수 있다(최성재 · 남기민, 2001).

사회복지행정의 개념을 공 · 사 사회복지조직과 사회복지요원들이 효과적으로 서비스를 기획, 실천, 평가하도록 지원해주는 사회사업의 중요한 방법 가운데 하나로 사회복지행정을 이해하고 있다. 사회사업행정은 사회사업서비스를 계획하여 전달하는 사회사업조직(기관)을 대상으로 변화를 초래하고자 하는 활동으로서 주로 사회사업조직의 운영 및 기능을 촉진시키고 조직을 통한 사회사업 실천활동을 증진시킴으로써 사회복지조직의 일부인 변화체계(사회사업기관)의 활동에 변화를 초래하려는 사회사업의 중요한 한 방법인 것이다(김익균 외, 2003).

이러한 여러 견해를 종합해보면 협의의 사회복지행정이란 사회복지조직의 정책을 달성하기 위한 사회복지행정가의 제반활동(조직의 목표설정 즉, 정책형성을 제외한 실천방법에 국한하는 개념임) 또는 사회복지조직의 몰표달성을 용이하게 하기 위해 관리자에 의해 수행되는 상호의존적인 과업과 기능 및 관련 활동 등의 체계적 개입과정이라 할 수 있다.

2) 광의의 개념

광의의 사회복지행정의 개념은 협의의 사회복지행정의 개념을 포함하고 여기에 사회복지 행정조직의 전 구성원의 활동까지 포함하는 개념으로서, 이 개념은 사회복지조직의 관리에 사회과학적 지식을 좀 더 많이 활용하고 있음을 강조한다.

광의의 사회복지행정은 사회정책을 사회복지서비스로 전환하는 데 필요한 사회복지조직의 정책형성을 포함하여 정책을 수행하기 위한 총체적인 활동(조직의 목표설정, 즉 정책까지를 포함한 개념임) 및 관리자와 조직의 전 구성원의 활동이라 할 수 있다.

따라서 사회복지행정의 광의의 개념은 사회과학적 지식을 사회복지 행정조직에 적용하여 추상적인 사회복지정책을 구체적인 사회복지서비스로 전환하여 서비스를 필요로 하는 사람(클라이언트 및 소비자)에서 전달하는 과정에 관한 총체적인 활동이라 정의할 수 있다. 또한 사회복지행정은 사회복지기관·시설의 행정을 포함하여 모든 사회적 서비스의 관리와 운영으로 보고, 사회복지서비스를 대상자에게 공급하는 인적 조직, 기구 및 서비스의 선택의 문제를 검토 하는 것과 관련하여 정의하기도 한다.

3) 공적조직의 사회복지행정 개념

공공 사회복지행정은 중앙정부의 급여행정을 축으로 하여 사회복지행정의 수익자인 국민의 생존과 생활의 확보를 위하여 그들의 생활권에 가까운 지방 공공단체에게 법에 따라 그 사회복지행정을 위임하는 구조를 취하고 있다. 지방자치법은 지방자치행정주체에 대하여 그 고유의 사무인 고유행정사무 이외에 지방자치단체에 대한 단체위임사무와 지방자치단체의 장(長)에게 속하는 기관위임사무로 구분하여 많은 사회복지행정사무를 지방자치단체에 위임하고 있다. 국가와 기방자치단체의 사회복지행정 개념은 국가 또는 지방자치단체의 공공행정을 통한 광의의 사회복지행정의 개념이라고 할 수 있다.

5. 일반행정과 사회복지행정

행정은 사회복지조직뿐만 아니라 기업조직, 정부조직, 교육조직 등 모든 유형의 조직에서 이루어진다. 따라서 모든 유형의 조직에 행정이 존재하게 되고 이때 각 조직에는 공통되는 일반적·보편적 원리가 적용된다.

한편 각각의 조직은 목적이 다르고 특성이 다르기 때문에 각각의 조직에 고유한 행정원리가 또한 존재하게 된다. 각각의 조직에 공통되는 행정원리와 각 조직의 특성이나 목적에 따라 차이가 나는 행정원리를 비교하여 봄으로써 사회복지행정의 특수성을 파악해 볼 수 있을 것이다.

1) 공통점

사회복지행정은 일반행정에서 형성되어 개발된 이론이나 방법을 원용하여 적용하여 사용하고 있기 때문에 일반행정과 사회복지행정은 공통점이 많이 있다.

구체적으로 사회복지행정과 일반행정의 공통점을 살펴보면 다음과 같다(Spencer, 1959: 최성재 · 남기민, 2001)

① 모든 행정은 문제의 확인, 문제의 제 측면 연구, 해결가능한 대안의 개발 및 선택, 선택된 결정을 집행하고 그 효과성을 포괄하는 문제해결과정이다.

② 모든 행정은 상호 관련되고 상호작용하는 부분들이 모여서 이루어진 체계이다.

③ 모든 행정은 대안의 선택에서 가치판단을 사용한다.

④ 모든 행정은 미래지향적인 요소를 포함하고 있다.

⑤ 모든 행정은 효율성과 효과성을 높이기 위하여 프로그램 및 직원들을 조직화한다.

⑥ 모든 행정은 개개 직원들의 지위와 안정에 관심을 갖고, 조직의 목표, 가치 및 방법에 직원들이 적극적으로 일체감을 갖도록 한다.

⑦ 모든 행정의 영역에는 의사소통, 직원간의 집단관계, 행정의 참여 등이 포함된다.

한편 트랙커는 사회사업(복지)행정의 정의와 관련하여 일반행정과 사회복지 행정의 공통점을 다음과 같이 제시하고 있다(Trecker, 1971)

① 행정은 계속적이며 역동적인 과정이다.

② 그 과정은 공통의 목적(목표)을 달성하기 위한 활동으로 이행된다.

③ 인적 및 물적 자원은 공통의 목적(목표)을 달성하도록 이용된다.

④ 조정과 협동은 인적 및 물적 자원이 이용되는 수단이다.

⑤ 정의에 내재하는 요소는 계획, 조직, 그리고 리더십 등이다.

2) 차이점

이상에서 살펴본 바와 같이 사회복지행정과 일반행정은 조직의 관리라는 측면에서 많은 공통점을 지니고 있지만 행정대상과 행정내용의 차이, 즉 사회복지라는 특수성 때문에 여러 가지 차이점도 가지고 있다.

사회복지행정과 일반행정의 차이점을 구체적으로 살펴보면 다음과 같다.

① 사회복행정은 일반행정에 비해 투입과 산출이 명확하지 않다.
② 사회복지행정은 일반행정에 비해 환경적 요소에 크게 영향을 받는다.
③ 사회복지행정은 지역사회와 밀접한 관계를 유지한다.
④ 사회복지행정은 수평적인 특성과 비공식적인 조직을 중요시한다.
⑤ 사회복지행정의 출발은 인간욕구의 변화에 따라 달라진다.
⑥ 사회복지행정은 양보다 질, 그리고 비영리성에 기초한다.
⑦ 사회복지행정은 불완전성을 지니고 있다.

6. 사회복지행정의 독창성

사회복지행정은 교육, 국방, 병원, 기업 등의 행정과 조직의 관리라는 측면에서는 많은 공통점을 공유하고 있지만, 인간의 기본 욕구 충족과 손상된 사회적 기능을 정상화시켜주기 위한 서비스를 개발하고 이를 통하여 사회문제를 해결한다는 점에서는 일반행정과 상당한 차이를 보이고 있다.

일반행정과의 차이점이 사회복지행정의 독창성이며 이를 구체적으로 살펴보면 다음과 같다.

① 사회복지행정은 서비스행정이기 때문에 서비스가 최종적으로 개인에게 직접 전달될 때 비로소 그 효과가 나타나는 것이다. 따라서 클라이언트와 직접적으로 대면하여 서비스를 전달할 전문적 지식과 기술을 지닌 다수의 사회복지 전문인(사회복지사, 의사, 간호사, 심리치료사 등)을 필요로 한다.
② 사회복지행정에 의해 전달되는 서비스는 궁극적으로는 개별화되지 않으면 안 된다. 특히 개별 서비스라고 불리는 영역의 주요한 기능은 직접적인 케어이기 때문이다. 이것은 서비스행정이 본질적으로 서비스의 전달과 전달된 서비스의 양과 질에 의해 개인의 문제가 해결되고 욕구가 충족되어야 함을 의미한다.
③ 사회복지행정은 사회복지에 대한 국가의 책임(헌법 제34조의 규정)에 따라 국민의 사회복지욕구를 충족할 목적으로 이용가능한 모든 자원을 동원하여 사회복지정책에서 설정한 목표를 달성하기 위한 수단과 방법인 것이다.

최성재 · 남기민은 사회복지행정이 일반행정과 다른 점, 즉 사회복지행정의 특수성을 다음과 같이 지적하고 있다(최성재 · 남기민, 2001).

① 사회복지조직에서 행정은 지역사회내의 인지된 욕구를 충족시킬 수 있도록 돕기 위해 존재한다.

② 행정을 통해 사회복지조직에서 제공하는 서비스는 크게 3가지 범주로 분류되는데, 그것들은 손상된 사회적 기능의 회복, 좀 더 효과적인 사회적 기능의 발휘를 위해 사회적·개인의 자원의 제공, 사회적 역기능의 예방 등이다.

③ 사회복지행정이 이루어지는 전형적인 사회복지조직은 일반적으로 지역사회를 대표하는 이사회를 갖고 있다.

④ 사회복지조직의 크기, 범위, 구조 및 프로그램의 형태는 광범위하고 다양하다.

⑤ 자원활용에 관하여 부단히 선택을 내릴 필요성이 있다.

⑥ 사회복지조직은 조직의 생존을 위해 적자 운영을 피해야 한다.

⑦ 사회복지조직에 의해 수행되는 서비스는 전문사회사업적 성격이 점차로 증대하고 있다.

이상에서 고찰해 본 바와 같이 사회복지행정은 일반행정의 원리가 적용되기도 하고 사회복지조직의 특수한 원리가 적용되기도 한다.

7. 사회복지행정의 이념과 사회복지행정가의 역할

사회복지행정가가 수행하는 모든 결정과 행동에는 행정을 담당하는 자의 신념, 태도 및 가치가 스며있기 마련이다. 이러한 신념이나 태도 또는 가치는 조직의 행동방향과 결정내용을 이끌어 가는 추진력이 된다. 사회복지행정가가 지니고 있는 신념이나 태도 또는 가치를 사회복지행정의 이념이라 할 수 있는 데, 이러한 이념은 의식적이든 또는 무의식적이든 사회복지행정가의 행정활동, 즉 행정결정과 행정의 실천활동에 커다란 영향을 미치게 된다. 이 장에서는 사회복지행정의 이념은 무엇인가, 사회복지조직에서 행정가의 역할은 무엇인가에 대하여 고찰해 보도록 한다.

1) 사회복지행정의 가치

사회복지행정은 다른 행정분야 와는 다른 가치에 기초하고 있다. 사회복지행정에서 중요시하는 가치는 사회복지(인간다운 생활의 보장)라는 가치이며, 이는 다분히 규범적이긴 하지만 인간의 비타산적 · 인도주의적 · 이타주의적 · 평등지향적 동기와 행위의 근거와 기준이 된다.

사회복지라는 가치는 가진 자로부터 갖지 못한 자, 자본가로부터 노동자, 건강한 자로부터 병든 자, 문제가 없는 자로부터 문제를 가진 자에게 자원을 이전하는 활동의 사회적 근거와 기준이 된다. 이러한 사회 철학적 가치에 따라 복지 이념 모형이 달라진다. 왜냐하면 이념이 개인, 집단 및 문화의 특징을 형성하는 사고방식 혹은 내용이라고 본다면 이러한 사고방식 혹은 내용은 인간의 행동양식을 결정하는 가치관에서 나오기 때문이다(신기석, 1988). 사회복지행정에서 가장 중요하게 여기는 가치는 다음과 같다.

(1) 인간의 존엄성

현대사회의 특징 중 하나는 살아있는 존재보다는 사물을 중시하는 정치, 사회, 경제 이론에 둘러싸여 있다는 것이다. 그러나 사회복지나 사회복지행정에서 가장 중요시하는 기본적이고, 일반적인 가치는 인간은 특수하며, 살아있는 존재라는 것이다.

인간의 존엄성이라는 가치에는 개개인의 인간은 하나의 가치 있고 독특한 실체로서 인정되어야 한다는 점, 인간은 사물 지향적 가치보다는 존재 지향적 가치로 인식되어야 한다는 점, 인간은 하나의 살아있는 존재로서 인식되어야 한다는 점, 자신을 포함한 모든 인간이 사물로서 취급되는 것을 반대하는 인간상의 지향이라는 점이 내포되어 있다.

따라서 사회복지행정가는 어떤 결정과 행동을 할 때 인간을 살아있는 존재로서 대할 것이냐 사물로서 대할 것이냐에 대한 분명한 가치판단을 하여야 한다(Weiner, 1990; 최성재 · 남기민, 2001)

(2) 인간의 독자성

사회복지행정가는 전문직으로서 사회복지조직을 관리할 책임과 의무를 지고 있기 때문에 해정의 대상인 인간에 대하여 정확히 이해하고 있어야 한다. 가장 우선적으로 주목해야할 인간관은 인간은 선천적으로 존엄성을 부여받은 독특한 개인이라는 확고한 신념을 가지고 있어야 한다. 다음으로 갖추고 있어야 할 인간관은 사람마다 다르며, 모든 인간은 다른 누구도 가지고 있지 않은 귀중한 무엇을 자신의 안에 갖고 있다는 신념이다. 이것이 인간의 독자성의 가치인 것이다(최성재·남기민, 2001).

이러한 독자성의 가치는 개개인은 인생의 단계에서 수행하는 역할과 지위에서 타인과 구별되는 개인만의 특유한 독특성을 가지고 있다고 본다. 인간의 독자성은 본질적인 인생의 핵심이고, 개인의 독자성을 존중하기 위해서는 문제를 가진 사람을 의사결정에 적극적으로 참여하도록 하여야 하고, 문제가 있는 사람을 획일적 · 고정적인 시각으로 보아서는 아니 되며, 문제를 해결하고 욕구를 충족하기 위한 모든 활동에서 개인의 독자성을 인정해야 한다는 의미를 내포하고 있다.

(3) 인간의 창조적 잠재력

사회복지행정가는 모든 인간은 발전할 수 있고, 발전하도록 기회가 허용되어야 한다는 창조적 잠재력의 가치를 인정해야 한다. 이 가치는 인간은 선천적으로 무한한 잠재력을 부여받고 태어났는데, 대부분의 인간은 그들의 전 생애를 통하여 그들이 보유한 능력과 잠재력의 극히 일부분만 사용하고 있다는 시각을 전제로 한다. 따라서 개개인이 그들의 능력과 잠재력을 최대한 개발하여 발휘할 수 있도록 사회복지행정가가 조직을 관리·운영하여야 한다.

(4) 자기결정에 대한 신념

자기결정의 원리는 인간의 타고난 존엄성과 독자성에 대한 신념으로부터 발생한 것이며, 자기결정에 대한 신념은 문제를 가진 사람이 문제의 해결에 있어 자기 스스로 선택하고 결정하도록 허용되어야 한다는 가치를 의미한다. 이러한 신념을 구현하는 과정에서 사회복지행정가가 유의해야 할 점은 다음과 같다.

첫째, 사회복지행정가는 욕구나 문제가 있는 개인이 자기 스스로 욕구를 충족하고 문제를 해결할 수 있도록 여러 가지 대안을 도출하고 이를 비교 · 분석하여 최선의 대안을 결정할 수 있도록 자기 결정의 기회를 주어야 한다.

둘째, 사회복지행정가는 전문성과 책임성을 가진 사람으로서 욕구나 문제가 있는 개인이 자기결정을 할 때 이들의 이익이 극대화될 수 있도록 격려하고 지원하여야 한다.

셋째, 사회복지행정가는 개인(집단)과 환경 간 부조화나 불균형에서 발생하는 문제를 파악하여 해결하도록 개인이나 집단을 지원하여야 하며, 문제가 극소화되도록 노력하여야 한다. 또한 개인이나 집안이 환경과의 관계에서 부적응이나 불균형이 발생하지 않도록 변화된 환경을 문제나 욕구가 있는 개인이나 집단에게 제공하여야 한다.

2) 사회복지행정의 이념

(1) 이데올로기와 사회복지행정의 이념

사회복지 이념은 사회복지행정의 목표와 정책의 방향을 설정하기 위한 좌표를 제시해 준다. 또한 결정된 목표와 정책에 정당성을 부여함으로써 사회복지행정가로 하여금 신념을 가지고 행정을 추진할 수 있게 하며, 국민의 지지를 확보하고 국민의 합의를 이끌어 낼 수 있는 구심점의 기능도 수행한다(최향순, 1994: 64).

이처럼 사회복지 이념은 사회복지행정의 이념의 기초가 되는 것으로서 전체 사회체계에 관한 이데올로기라는 관점에서 볼 때 사회복지 이념은 전체사회 이데올로기의 부분 이데올로기로 간주될 수 있다. 사회복지 및 사회복지행정의 이념을 설명하고 이해하기 위해서 사회체계의 이데올로기를 세 가지 유형으로 구분하여 고찰해보기로 한다. 전체 사회 이데올로기로는 자본주의 이데올로기, 사회주의 이데올로기, 양자를 절충한 수정자본주의 이데올로기 또는 복지국가주의 이데올로기 등이 있다.

자본주의는 개인주의나 자유주의 사상에서 비롯된 시민사회의 경제 질서로서 서구 국가가 이를 긍정적으로 수용하여 경제발전과 번영을 이룩하였다. 그러나 자본주의가 성숙되어감에 따라 자본주의의 내재적 모순은 계급을 양분하였고 계급 간 빈부격차를 초래하여 사회구성원의 극심한 갈등을 유발하였다. 자본주의 경제질서는 경제적 부와 번영을 향유하는 소수의 자본가계급과 개인과 가족의 생존까지도 위협받는 다수의 노동자 계급을 발생시켰다. 자본주의 경제 질서가 고도로 발전하고 사회구성원 모두에게 자유가 주어지면 사회구성원 모두가 자유롭고 평등한 경제생활을 향유할 수 있을 것이라 생각되었다. 그러나 이러한 낙관적 견해는 철저하게 유린되고 말았다.

자본주의 이데올로기의 모순을 비판하고 이의 대안으로 제시된 이데올로기인데, 이 이데올로기는 국가가 전체사회의 경제에 개입함으로써 사회구성원 모두의 자유와 평등을 실현할 수 있을 것이라 기대하였다. 사회주의 이데올로기는 국가의 적극적인 개입에 의해 경제를 계획하고 통제함으로써 사회구성원 모두의 기본적인 욕구가 자동적으로 충족될 수 있다는 논리와 가정에서 새롭게 등장한 사회사상이었다.

그러나 경제 발전이 정체되고 실패함에 따라 사회주의 이데올로기는 더 이상 사회적 사상으로 국가와 사회를 지도할 수 없게 되었다. 사회주의는 체계 자체가 사회복지를 구현할 수 있는 최대의 이데올로기라는 환상을 가지고 있었음이 분명하다. 따라서 사회주의 이데올로기는 체제의 속성을 보완하는 사회복지의 이념이나 실천을 배제하였다(박차상, 2002).

자본주의를 비판하여 제기된 사회주의 이데올로기도 사회구성원의 안녕과 복지를 구현하는 데 실패함에 따라 새로운 이데올로기가 등장하게 되었다. 새로운 이데올로기는 자본주의 원칙을 기본으로 하고 국가가 개입하여 자본주의의 결함을 치유함으로써 사회구성원의 경제생활을 안정시키고 사회복지를 구현할 수 있다는 논리에서 비롯되었다. 우리는 이를 수정 자본주의, 혼합경제, 복지국가주의, 사회민주주의하고 표현하기도 하는데, 이 이데올로기가 사회복지 이념이나 사회복지제도를 그 체계 속에 가장 잘 포용하고 있다 하겠다.

따라서 사회복지와 사회복지행정의 이념은 복지국가주의 또는 사회민주주의의 이념을 수용하고 있다. 국가사회의 적극적인 개입이 사회구성원의 문제를 해결하고 욕구를 충족할 수 있는 최선의 이념으로 간주되었다.

(2) 우리나라 사회복지행정의 이념

우리나라에서 일반적으로 많이 거론되고 있는 사회복지행정과 관련된 가치와 이념을 살펴보면 다음과 같다(최항순, 1994).

첫째, 현대 사회복지행정의 가치로서 평등, 자유, 민주주의, 사회적 결속, 인간존중과 생존권 보장, 경제적 효율성 등을 들고 있는데, 이는 정도의 차이는 있지만 기본적으로 수용해야 할 사회복지행정의 가치라고 할 수 있다.

둘째, 사회복지행정의 이념으로 자유민주주의를 표방하고 그 근거로 헌법에 규정되어있는 자유민주주라는 표현을 지적하는 사람이 있는데, 이는 사회복지나 사회복지행정의 이념과는 다소 거리가 있다고 생각된다. 왜냐하면 자유민주주의는 본질상 개인주의와 자유주의 사상 및 수평적 사회관계에 기초하여 국가의 개입을 가능한 한 배제하고 개인의 자주성을 강조하는 이념이기 때문이다.

특히 우리나라의 전통은 혈연주의, 가족주의, 지역주의에 근거한 집단적 연대감, 왕권국가에 기초한 수직적 사회관계, 국민의 보호를 국가가 책임져야 한다는 가부장적 가치관이 우리의 의식과 사회를 지배하여 왔기 때문에 우리나라의 경우 자유민주주의 이념을 사회복지행정의 이념으로 제시한다는 것은 적절하지 않다.

자유민주주의를 우리나라 사회복지행정의 이념으로 설정하기에는 문제가 있기 때문에 권위주의와 집단주의를 가미한 자유복지주의를 우리나라의 사회복지행정의 이념으로 해야 한다는 주장도 있다(김해동 외, 1961). 일반적으로 우리나라 사회복지이념은 극단을 피하는 중도우파적인 방향에서 모색되어야 한다는 것에 대체로 의견일치를 보이고 있다.

셋째, 사회복지행정을 협의의 개념으로 파악하여 사회복지를 달성하기 위한 수단으로 볼 때 행정의 이념 중에서 사회복지의 형평성, 복지서비스를 공급할 때 국민들의 욕구에 적절한 대응성, 사회복지행정과정의 민주성, 복지자원 관리의 능률성, 복지정책의 집행과 관리의 효율성 등을 사회복지행정의 이념으로 내세울 수 있다.

3) 사회복지행정가의 역할

(1) 일반행정관리의 역할

사회복지행정의 가장 중요한 기능 중 하나는 인적, 물적 자원을 효율적으로 동원하여 관리하고 직원들의 협동적 활동을 조성하여 조직의 목표를 효과적으로 달성하는데 있다. 따라서 사회복지행정가는 사회복지조직의 책임자, 사회복지사, 클라이언트 및 지역사회의 요구를 수렴하여 행정활동을 전개하여야 한다. 또한 사회복지 행정가는 사회복지조직의 관리운영에서 중심적 역할을 담당하여야 한다.

사회복지행정가는 공공조직(중앙정부 및 지방정부)의 행정 관계 전문가, 클라이언트, 지역사회의 다양한 사회복지조직과 사회단체를 비롯하여 지역사회의 유력한 인사들과 밀접한 관계를 유지할 수 있는 능력과 기술을 가지고 있어야 하며, 합리적이고 효율적인 행정결정과 행정관리를 수행할 수 있는 자질을 갖추어야 한다. 특히 우리나라의 경우 사회복지 환경의 특수성에 비추어 볼 때 사회복지행정가의 특별한 능력과 자질이 요구되고 있다. 왜냐하면 우리나라는 아직도 사회복지사업을 전문분야로 인정하지 않고 있으며 국민들 또한 사회복지사업의 전문성에 대한 인식을 결여하고 있기 때문이다.

이처럼 사회복지 행정환경이 열악하면 열악할수록 사회복지행정가의 역할은 더욱 중요할 수밖에 없다. 사회복지행정가의 전문적 역할은 다음과 같다.

행정관리의 역할이란 사회복지조직이 원활히 운영되도록 조직의 여러 업무를 효과적으로 관리하는 활동을 말하는데, 일반행정관리의 구체적 관리 대상업무는 다음과 같다.

① 공공행정기관에 대한 보고서 준비와 보고서 제출

② 재정관리

③ 인사관리
④ 시설관리
⑤ 프로그램 개발과 시행과정의 감독
⑥ 홍보활동 및 한경조성활동
⑦ 지역사회 참여활동
⑧ 클라이언트의 참여활동
⑨ 사무적 역할과 인간관계 역할의 상호절충의 역할

일반행정관리의 역할은 직접적으로 서비스를 생산하거나 전달하는 활동과 관련된 업무를 수행하는 것을 의미하지 않는다. 일반 행정관리의 역할은 일차적으로는 조직의 관리 즉, 하드웨어의 관리업무에 속하는 역할이라 할 수 있다.

(2) 교육행정관리의 역할

교육행정관리의 역할이란 사회복지행정의 전문성을 확보하기 위하여 사회복지조직의 구성원을 교육하고 훈련하는 관리활동을 의미한다. 교육행정관리의 구체적인 역할은 다음과 같다.

① 사회복지사의 동기유발 촉진
② 행정과정의 관리기술 습득
③ 평가의 개발 및 평가 수행
④ 전문적인 자료 준비
⑤ 클라이언트와 협동적인 문제해결방법 모색
⑥ 사회복지 전문가로서의 자질과 전문성 확보
⑦ 연수기회 및 재교육의 확대

(3) 인간관리의 역할

인간관리의 역할이란 사회복지 실천활동에서 효과성과 효율성을 결정하는 가장 중요한 역할이다. 따라서 사회복지사가 클라이언트와 원만한 인간관계를 형성하여 유지하도록 하기 위해서 사회복지행정에서 특히 강조하는 역할이다.

구체적인 역할은 다음과 같다

① 봉사자로서의 역할
② 올바른 사회복지 윤리관 확립

③ 인간관계 형성 및 유지
④ 대변인의 역할
⑤ 정확한 욕구 파악

(4) 정보제공의 역할

정보제공의 역할이란 지역사회의 유관 조직이나 인사에게 사회복지조직에 관한 정보를 제공하는 기능을 의미한다. 이로써 사회복지조직의 책임성이 확보 될 수 있으며 자원의 동원과 지역사회로부터 정당성을 확보할 수 있게 된다.

사회복지행정가가 실천해야 할 정보제공의 역할은 다음과 같다.

① 모니터(monitor)의 역할
② 홍보자의 역할
③ 대변인의 역할

(5) 전문적 역할

전문적 역할이란 사회복지행정가의 경영 전문가로서의 역할을 말하며, 사회복지행정가가 실천해야 할 경영 전문가로서의 역할은 다음과 같다.

① 생산과 비용을 고려하는 기업가의 역할
② 갈등 조정자의 역할
③ 자원 할당자의 역할
④ 협상자의 역할

이상에서 제시하고 있는 사회복지행정가의 역할은 어떤 유형의 사회복지조직의 행정가라도 반드시 수행해야 할 역할이다. 사회복지행정가는 앞서 제시한 다양한 역할을 때로는 순차적으로 때로는 동시에 수행할 수 있어야 한다.

(6) 사회복지행정가의 관리행동

사회복지행정가가 자신에게 부여된 관리행동은 사회복지조직의 서비스의 질을 좌우하게 된다. 스키드모어는 성공적인 사회복지행정가 되기 위한 관리행동을 다음과 같이 제시하고 있다(Skidmore, 1990)

① 수용

사회복지행정가는 지역사회내의 타 전문직, 지도자, 지원 및 클라이언트를 있는 그

대로 보고 장점과 단점을 지닌 독특한 개인으로 인정하고 존중한다.

② 관심과 보호

사회복지행정가는 따뜻해야 하고, 직원들에게 소속감을 갖도록 관심을 가져야 하며, 직원의 복지를 추구하고 생각과 감정을 교환해야 한다.

③ 창의성 발휘

사회복지행정가는 조직이 생산하고 전달하는 서비스에 대한 혁신적 정책, 방법 및 절차를 확립하고 직원과의 원만한 관계를 형성하여 유지할 수 있는 방법들을 개척해야 한다.

④ 민주성 발휘

사회복지행정가는 사회복지조직의 행정에 직원 기타 지역사회 인사의 참여를 통하여 조직이 발전한다는 확고한 민주의식을 가져야 한다.

⑤ 신뢰와 인정

사회복지행정가는 직원을 신임하고 인정함으로써 직원의 욕구가 충족되고 사기가 진작된다는 믿음을 가져야 한다.

⑥ 개인적 균형과 조화의 유지

사회복지행정가는 일, 휴식, 놀이, 종교생활 등을 포함하여 원만한 사회생활을 유지하도록 노력하여야 한다.

⑦ 기획 능력 개별

사회복지행정가는 기획능력의 결여가 조직 및 조직의 서비스를 약화시키거나 파괴한다는 것을 이해하고 기획에 관한 지식과 기법을 창의적으로 연구하여야 한다.

⑧ 조직화 능력의 개발

사회복지행정가는 효과적인 권한과 책임의 계선을 따라 구조와 역할을 설계하여 조직과 직원이 조직의 목표를 효과적·효율적으로 달성하도록 노력하여야 한다.

⑨ 의사결정

사회복지행정가는 사실을 수집·정리하고 대안을 검토하여 최선의 대안을 선택하는 능력을 길러야 한다.

⑩ 행동촉진 및 조장

사회복지행정가는 직원의 발전을 위하여 행동하고 직원의 뒤에서 지원한다. 직원에게 상처를 주거나 학대하거나 억압하거나 시샘해서는 아니 되고 무시보다는 보상을 통하여 직원을 관리하여야 한다.

⑪ 동기부여의 방법 개발

사회복지행정가는 직원이 자발적으로 자신의 능력을 활용하고 기능을 발휘할 수 있도록 동기부여를 하여야 한다.

⑫ 의사소통

사회복지행정가는 직원과의 업무연락 및 생각과 감정을 주고받는 의사소통에 민감하여야 한다(표정, 자세, 움직임, 걸음걸이, 기타 표현 등).

⑬ 위임

사회복지행정가는 직원이 자율적으로 책임감을 가지고 업무를 수행하도록 권한과 책임을 배분하여야 한다.

⑭ 지역사회 내 타전문직과의 관계유지

사회복지행정가는 지역사회의 주민, 국민, 타 전문직, 공공행정조직의 구성원 등은 사회복지조직의 유지와 발전에 영향을 크게 미치므로 이들과의 관계를 우호적으로 유지하여야 한다.

(7) 사회복지행정가의 직무의 특성

사회복지행정가의 직무와 특성을 열거하면 다음과 같다(김익균 외, 2003)

① 사회복지행정가는 사회복지조직의 업무가 구성원에 의하여 수행된다는 것을 인식하여야 한다.

② 사회복지행정가는 결정을 내려야 한다.

③ 사회복지행정가는 다른 사람들을 통하여 일을 한다. 즉, 그는 권한과 책임을 위임하는 것이다.

④ 사회복지행정가는 권한을 행사하여 명령하거나 지시한다.

⑤ 사회복지행정가는 자신보다 높은 권한을 가진 자와 직원간 사이를 잇는 의사소통의 통로이다.

⑥ 사회복지행정가는 업무의 촉진자이다.

⑦ 사회복지행정가는 갈등이나 분쟁의 해결자이다.
⑧사회복지행정가는 사회복지사업의 계속적인 운영에 대하여 책임을 진다.
⑨ 사회복지행정가는 리더가 될 책임이 있다.

8. 사회복지행정의 과정

전반적으로 행정이란 다단계의 전개과정이다. 따라서 행정의 과정은 복합적이며 여러 단계로 이루어진다. 각 단계는 다소 상이한 활동과 정책문제를 포함하며 상이한 행위자가 지배한다.

각 단계의 활동은 일부 변경될 수 있고 수정이 이루어지기도 하며, 목표와 전략이 명확해지거나 혹은 예기하지 않았던 요구가 시행의 지표로서 우선순위를 변경하기도 한다. 이처럼 행정의 과정은 복잡하지만 일정한 절차를 거쳐 행정을 집행한다면 조직은 효과적·효율적으로 관리·운영될 수 있다.

1) 사회복지행정의 실천과정

사회복지행정의 실천활동은 기획, 조직, 인사관리, 의사결정, 의사소통, 지도력, 재무관리 및 평가로 구성되며 이러한 일련의 과정과 절차를 거쳐 수행된다(김익균 외 2003).

(1) 기획

사회복지행정에서 기획은 효과적인 서비스 전달을 위한 필수적인 과정이다. 기획이란 직면하고 있는 문제를 해결하고 체계적인 사고에 의해서 미래를 예측하고자 하는 의도적 노력이라고 할 수 있다. 또는 기획이란 일련의 목표를 기대하고 그 목표를 달성하기 위한 계획을 설계하는 활동하는 과정이라 할 수 있다.

(2) 조직

조직이란 일정한 환경 하에서 특정한 공동의 목표를 달성하기 위하여 인적·물적 자원을 동원하고 환경과 상호작용하여 구성원들 사이에 일정한 관계를 유질할 수 있도록 구조를 갖추고 분업을 규정한 체계라 할 수 있다. 한편, 사회복지조직은 기관의 목적과 정책 및 계획을 수립하고 수행함에 있어 사람들의 활동이 가장 효과적으로 이루어지도록 하는 구조의 형성과 구성단위의 배열을 의미한다.

(3) 인사관리

인사관리란 직원을 채용하고 능력을 개발하여 근무 의욕을 갖고 조직에 헌신할 수 있도록 동기를 부여하며, 조직의 목적 달성을 위하여 인적 자원을 최대한 효율적으로 활용하려는 관리 활동이라고 할 수 있다. 인사관리는 필요한 직원을 채용하고 그들의 활동을 유지하고 해고하는 일련의 과정으로 이루어진다.

(4) 재정관리

사회복지조직을 설치하고 관리 운영하기 위해서는 많은 재원이 요구된다. 사무실의 설치, 설비 및 관리운영, 인력관리비용, 프로그램 개발 및 실시 비용 등 많은 비용의 조달과 관리는 재정활동을 통하여 이루어진다. 재정관리는 사회적 욕구를 충족하기 위하여 필요한 재원을 합리적으로 조달·배분하고 이를 효율적으로 사용·관리하는 과정을 말한다.

(5) 의사결정

사회복지행정가는 사회복지조직의 의사결정과 관련된 중요한 책임을 지고 있기 때문에 조직의 의사결정과정에 대한 이해와 지식을 갖추고 있어야 한다. 의사결정이란 기본적으로 조직의 목표달성을 위하여 여러 가지 대안들 가운데서 최적의 대안을 선택하는 과정이라고 할 수 있다. 사회복지행정가는 여러 대안 가운데 최선의 대안을 선택하는 활동뿐만 아니라 대안의 선택에 이르는 과정에서의 활동도 의사결정의 활동에 포함하여야 한다.

(6) 의사소통

의사소통이란 두 사람 이상 사이에 사실, 생각, 의견 또는 감정의 교환을 통하여 공통의 이해에 도달하고, 수용자 측의 의식이나 태도 또는 행동의 변화를 추구하려는 일련의 활동이라 할 수 있다.

사회복지행정에서 의사소통이란 사회복지조직의 과업목적과 관련된 생각, 계획, 명령이나 보고, 제안 등을 모든 직원과 이사회에 전달하기 위한 쌍방향의 의사전달을 의미한다. 따라서 의사소통은 사회복지조직의 행정가와 이사회, 직원과 클라이언트를 통합시켜주는 주요 연결고리이고, 또는 사회복지조직과 정부기관 혹은 지역사회를 연결시켜주는 역할도 수행한다.

(7) 리더십

조직의 행정가는 리더십의 본질을 잘 이해해야 하고 필요한 자질을 갖추어야 한다. 리더십은 하나의 지위로서 어떤 상황에 대한 통제의 책임을 지는 것을 의미하며, 그것은 지시하거나 지도하는 지위를 의미하기도 한다.

리더십은 능력으로서 다른 사람들이 리더가 선택한 길을 따르도록 다른 사람과의 관계에 영향을 주는 기술이나 능력이고, 바람직한 변화를 가져오거나 다른 사람의 행동을 변화시키는 능력을 포함한다.

(8) 평 가

사회복지행정가와 프로그램 실무자들은 사회복지조직이 제공하는 서비스를 전달하여 클라이언트의 변화를 추구한다. 사회복지행정가는 프로그램 수행과정에서 제기되는 효과성, 효율성, 만족도, 책임성을 평가하여 사회복지조직이나 프로그램에 환류 하여야 한다. 환류의 결과 프로그램의 계속 여부, 수정, 폐지 등이 결정된다.

평가에 대한 요구는 사회복지조직과 프로그램에 자원을 제공하는 공·사의 조직, 전문가 집단, 클라이언트 및 일반대중으로부터 제기된다. 이에 대하여 사회복지행정가들은 프로그램의 필요성과 프로그램의 효과를 입증해야 할 뿐 아니라 재원의 운영, 프로그램의 비용과 효율에 관해서도 답변할 수 있어야 한다.

2) 사회복지 행정과정상의 문제

사회복지행정에 있어서의 많은 문제는 법률이나 장의 집행과정에서 발생한다. 왜냐하면 정책의 집행과정에 언제나 장애가 존재하기 때문이다. 특히 우리나라는 독립적인 사회복지 행정체계를 구비하지 못하고 있고 역사도 짧아 사회복지 행정과정에서 많은 문제를 경험하게 된다.

일반적으로 정책을 집행할 때 직면하게 되는 장애요인으로 의사소통, 자원, 태도, 관료적 구조를 중심으로 고찰해보기로 한다(Dinitto & Dye, 1987).

(1) 의사소통(communication)

효과적인 사회복지행정의 첫째 요건은 프로그램을 운영하는 사람들이 무엇을 하기로 되어 있는가를 분명히 알고 있어야 한다. 명확한 의사소통이 사회복지행정에서 필요하다는 것이다. 불분명하고 모순된 의사소통은 사회복지행정가를 혼란스럽게 하고 조직의 구성원들의 활동의 위축시키게 된다.

(2) 자원(resources)

정책목적을 달성하기 위해서는 자원이 절대적으로 필요한데 만약 자원이 부족하게 되면 사회복지행정은 실패할 가능성이 높다. 자원의 개념에는 사회복지조직이 서비스를 생산하는데 필요한 사회복지행정가의 권한, 시설 및 직원을 포함한다.

(3) 태도(attitude)

사회복지행정가와 프로그램 관계자가 어떤 특정의 정책에 동의한다면 그와 같은 정책은 본래의 정책입안자의 의도대로 수행될 수 있다. 그러나 행정가와 직원의 태도가 정책입안자의 태도와 다를 때에는 집행과정은 매우 복잡해지는 것이다.

왜냐하면 행정가는 정책을 집행할 때 약간의 때로는 많은 자유재량권을 갖고 있기 때문이다. 직원들은 그들이 동의하지 않는 일을 하도록 지시를 받을 때 갈등을 느끼게 된다. 지시자와 수행자 사이에 태도의 불일치가 있게 되면 특정의 정책과 집행 사이에 갈등이 불가피하게 일어나게 된다.

(4) 관료적 구조

기존의 관료적 구조와 절차는 새로운 정책의 시행과 프로그램의 집행을 방해할 가능성이 있다. 관료주의적 '타성'은 정책에 있어서의 변화를 느리게 한다. 행정가들은 정상적인 업무(표준 업무 절차)에 익숙해 있으며, 행정적인 구조는 그 본래의 기능이 바꾸어지거나 없어진 뒤에도 오랫동안 남아 있는 경향이 있는 것이다.

특히 우리나라의 경우 사회복지행정이 독립적인 체계가 아닌 일반행정체계에 포함되어 실시되고 있기 때문에 관료적 구조에서 발생하는 문제점들이 여러 가지 형태로 나타나고 있다.

제2장 사회복지행정의 역사

사회복지행정이 어떠한 사회복지학적 배경에서 성립되었고 발전되었는가를 살펴보는 것은 사회복지행정의 중요성과 사회복지 방법론과의 관계를 이해하는데 중요한 지식이 된다(최성재 · 남기민, 2001). 사회복지행정이 사회복지서비스를 생산하고 전달하는 과정에서 커다란 역할을 수행하고 있음에도 불구하고 상당한 기간이 지나서야 비로소 그 필요성과 중요성을 인식하게 되었다.

사회복지행정은 미국사회에서 대두된 사회복지분야로 오랜 기간 동안 발전과 지체를 거듭하다가 1970년대에 정체성을 확립하게 되었고, 이후 학계나 실천현장에서 그 필요성과 중요성을 인정하게 되었다. 이 장에서는 사회복지행정이 대두되고 발전된 미국의 사회복지행정의 역사와 이에 영향을 받아 도입되어 발전하게 된 한국의 사회복지행정의 역사를 살펴보고자 한다.

1. 미국의 사회복지행정의 역사

패티(patti, 1983: 최성재 · 남기민, 2001)는 미국의 사회복지행정의 발전단계를 4단계로 구분하여 각 단계별로 그 특징을 제시하고 있는데 패티의 연구성과를 간략하게 요약하여 소개하면 다음과 같다.

1) 명목상의 인정단계(1900~1935)

이 시기는 하나의 전문직업으로서 사회사업의 정체성을 형성하고 대표적인 사회사업방법론으로서 개별사회사업방법론을 개발하여 사회사업의 핵심적 기술로 삼았던 시기이다. 특히 병원, 법정, 학교, 정신과 분야에 사회사업이 도입되었고 사회사업학교 및 사회사업 전문직 협회들이 설립되기 시작하였다.

사회사업의 이론, 지식, 기술은 개별사회사업에 초점을 맞추었고 이 개별사회사업이 전체 사회사업 전문직을 대표하는 것으로 생각되었다. 그러나 사회복지행정은 20세기 초반까지도 전문직의 실천 형태로 인정받지 못하였다(신복기, 1984). 다만 이 시기에 개별사회사업이 사회사업의 주요한 방법론으로서 수용되었고 사회복지행정은 개별 사회사업을 위한 보조적 기술로 간주되었다. 그러나 명목상으로나마 사회복지행정의 중요성을 인정한 것은 사실이다.

2) 사실상의 인정단계(1935~1960)

이 시기는 사회사업방법론으로 집단사회사업이 개발되어 개별사회사업과 병존하던 시기였다. 이 시기의 시대적 배경은 1930년대 초 경제 대공황에 따른 빈곤 및 실업문제를 해결하기 위해 정부가 직접 개입하게 되었고, 이것이 바로 사회복지행정이 전문사회사업의 실천방법으로 발전하는 데 중요한 영향을 미치게 되었다.

1934년 연방긴급구호청의 설립과 1935년의 사회보장법의 제정에 따른 연방과 주에서 공적부조제도가 실시되면서 이를 담당할 인력수요가 급증하였다. 이들 인력들은 사회복지서비스의 전달을 계획하고 조직하며, 기획하고 감독하기 위한 지식과 기술을 구비할 필요성이 제기되면서 사회복지행정이 사실상 사회사업의 한 방법으로 인정받게 되었다. 이에 따라 사회복지행정은 사회사업의 다른 전문적 접근방법과 동등한 위치를 차지하기 위한 많은 연구와 노력이 있다.

3) 정체의 단계(1960~1970)

이 시기는 사회복지행정의 발전에 있어 정체기라 할 수 있으며, 당시 새롭게 개발된 지역사회 조직사업이 사회복지행정의 대안으로서 전문 사회사업방법으로 간주된 시기였다.

1960년대 미국사회는 청년, 소수민족집단, 박탈당한 집단 등 그들이 겪고 있는 빈곤문제, 인종차별문제, 도시문제와 같은 사회문제를 해결하는 데 여러 가지 무능함을 드러내었다. 당시 미국사회는 사고와 행동에서 낙관주의가 만연되어 정치 · 경제제도가 사회문제를 효과적으로 해결할 수 있을 것이라고 기대 되었으나 사회정책과 각종 사회복지 프로그램이 별로 효과를 거두지 못하였고 더구나 베트남 전쟁으로 자원의 부족을 경험하게 되었다.

이러한 사회적 분위기는 사회복지기관과 공공복지부문에 대하여 의심과 비난을 갖게 하였다. 이것은 사회복지행정의 발전을 지체시키는 원인으로 작용하였다. 더욱이 사회문제 해결을 위한 사회복지조직들에 기대를 가졌다가 그러한 기대가 좌절된 사람들은 지역사회 조직사업을 사회복지행정의 대안으로 생각했으며 실제로 지역사회 조직사업은 사회복지행정에 대한 훌륭한 대안으로 인정받게 되었다. 사회복지행정에 대한 대안으로서 지역사회 조직사업의 획기적 발달은 상대적으로 사회복지행정의 발달을 지체시키는 결과를 초래하였다.

4) 도전과 발전의 단계(1970~1990)

이 시기는 1960년대 후반의 사회·경제적 배경을 기반으로 사회복지행정에 관한 관심과 필요성이 증대되었고, 전문 사회복지행정가에 대한 수요가 증대함에 따라 사회복지행정의 발전이 가속화된 시기라 할 수 있다.

1960년대 후반 미국사회는 베트남 전쟁, 사회복지비 지출 증가, 인플레이션 및 경제성장 둔화로 사회복지 프로그램에 대한 재정적 부담이 가중되자 미국 정부는 1970년대 이르러 비용에 대한 효과를 고려하여 사회복지 프로그램을 평가하고 이를 기초로 선별 지원하게 되었다. 이러한 사회적 상황은 사회복지 행정가들에게 프로그램에 대한 설명, 통제, 평가에 관심을 갖도록 하였다. 그런데 사회복지조직과 사회복지행정가들은 사회복지행정에 대한 지식과 기술이 없음을 인정하게 되었고, 이에 따라 새로운 시대의 요구에 부응할 수 있는 관리 기술을 습득할 필요성을 깨닫게 되었다.

1990년대 미국 사회는 사회복지비용의 효과성 및 효율성을 평가하는 방향에서 사회복지조직의 책임성을 강하게 요구하였다. 미국의 사회복지행정과 관련한 사회복지환경은 기획에서 서비스 전달까지를 직접 담당했던 거대 공공 관료조직의 퇴고, 계약이나 서비스 구입방식을 통한 민간조직의 전달에서의 역할 증대, 민간과 공공의 엄격한 조직적 구분의 퇴조, 사회복지서비스의 책임성에 대한 구체적인 행정실천 현상 등에서 도전적인 모습을 보여주고 있다(김영종, 1998).

2. 한국의 사회복지행정의 역사

우리나라에서 사회복지행정의 중요성을 실질적으로 인식한 시기는 1980년대 이후부터이다. 1980년대는 사회보험법을 비롯한 공적부조법 및 사회복지서비스법이 완비되었고, 공·사 사회복지조직 등이 대거 설립됨에 따라 사회복지 행정의 필요성과 중요성을 새롭게 인식하게 된 시기였다. 1950년 이후 사회복지행정의 발전과정을 3단계로 구분하여 각 시기에 있어서 특징을 분석한 연구가 있는데 이를 소개하면 다음과 같다(최성재 · 남기민, 2001).

1) 사회복지행정 미인식단계(1950년대 및 이전)

1950년 이전 시기에 있어서 사회복지행정을 실천하기 위한 조직으로 조선 총독부 내무부 지방국에 사회과가 설치되어 사회복지행정을 수행하였지만 시혜적인 활동에 국한되었기 때문에 공적인 사회복지조직으로 보기 어려웠다.

해방이후 미군정 기간 동안의 보건위생부와 정부수립 이후 사회부와 보건사회부에서 사회복지행정이 수행되었는데 주로 월남피난민과 전재민을 대상으로 한 긴급구호 위주였다. 1950년대 이후 민간기관과 외원기관의 사회복지활동이 있었지만 이 또한 고아, 미망인, 무의탁 노인, 빈민들에 대한 긴급구조 활동이었으므로 사회복지현장에서 사회복지행정의 필요성은 거의 인식되지 못하였다.

사회사업교육이 처음 시작되었던 1950년대에 있어서는 사회사업행정의 중요성에 대한 인식은 거의 없었다고 할 수 있고, 있었다 하더라도 대단히 미약했을 것으로 추정된다.

2) 사회복지행정의 명목상 인식단계(1960년대~1970년대)

1960년대 정부의 사회복지정책은 저소득층 중심의 공적 부조였고, 민간후원 단체도 거의 대부분 저소득층에 대한 원조를 위주로 활동하였다. 이러한 상황에서 공적 사회복지조직의 역할은 단순한 정책의 수립과 비전문적 화동을 위주로 하였기 때문에 사회복지서비스의 효과성과 효율성을 생각할 수 없었다. 민간 사회복지조직 또한 사회복지서비스의 효과성이나 효율성을 평가할 수 있는 처지가 못 되었다.

이러한 상황에 비추어 볼 때 사회사업행정은 학계나 교육계에서만 중요성을 상당히 인식하고 있었고, 실무현장에서는 거의 사회복지행정의 중요성과 필요성은 인식하지 못하였다.

3) 사회복지행정의 실질적 중요성 인식단계(1980년대~ 1990년대)

1980년대 이후 경제발전에 따른 산업화 및 도시화가 촉진되자 다양한 사회 문제가 나타나게 되었고 이를 해결하기 위한 여러 가지 제도가 도입되었다. 아동, 노인, 장애인을 위한 사회복지서비스법들이 입법되었고, 공적 사회복지조직인 보건사회부 조직과 지방자치단체의 조직도 대상자 및 문제별로 분화되었고, 정부의 지원을 받는 민간 사회복지조직들이 많이 설립되었다.

1980년대 들어오면서 사회복지분야에서는 사회복지의 전문성, 행정의 효율성 및 효과성을 제고하기 위해 사회복지전달체계를 개선해야 한다는 주장이 대두하였다. 이러한 주장은 공적 사회복지행정조직은 물론 민간 사회복지조직의 실무현장에서도 사회복지행정에 대한 실질적인 중요성과 필요성을 새롭게 인식하게 하는 계기가 되었다.

3. 우리나라 사회복지행정의 역사적 발전과정

우리나라의 사회복지행정도 다른 나라와 같이 여러 동기가 복합적으로 작용하여 발달하여 왔다고 볼 수 있다. 고대사회로부터 전개되어온 두레나 계 등 민간차원의 상부상조의 전통이 있었고, 대한제국 이후에는 사회의 취약계층에 대한 구휼(救恤)행정이 종교적 배경 하에 실시되었다. 조선시대 이후 일제식민지시대를 거쳐 미군정시대까지의 사회복지는 대개 구빈행정을 중심으로 이루어졌지만, 1960년대에 접어들면서 사회복지행정의 체계가 확립됨에 따라 현대적 의미의 사회복지가 실천되기 시작했다.

우리나라의 사회복지는 선진국들의 사회복지제도를 도입하여 우리의 현실에 맞게 적용하는 과정 중에 있지만 전통적으로 계승되어 온 우리 고유의 민생구휼 사업행정의 관습은 우리의 복지문화와 생활 속에 남아 계승되고 있다. 우리나라 사회복지행정의 역사적 발전과정을 살펴보면 다음과 같다(박차상, 1999).

1) 삼국시대

삼국시대의 구빈사업은 씨족이나 부족이라는 원시 공동체 내에서 전개되었다. 개인이나 가족의 문제나 욕구는 씨족이나 부족 공동체를 중심으로 충족되거나 해결되었다. 그러나 씨족이나 부족 공동체가 해결하기 어려웠던 자연재해나 사회 취약계층의 욕구나 문제는 국가의 행정조직에 의해 해결되었다.

우리나라 구빈행정 가운데 가장 오랜 역사를 가지고 있고 가장 일반화되었던 복지제도는 창제(創制)라고 할 수 있다. 창은 양곡을 비축해두는 창고라는 의미인데, 고구려의 부족사회시대에 등장한 제도로서 각 지역공동체마다 창을 두어 이를 부경이라 했다. 창의 원래 목적은 전시에 사용할 군량미를 비축해두는데 있었지만 빈민구제에도 많이 활용되었다.

삼국은 이러한 창제 이외에 다음과 같은 구빈제도를 공통적으로 실시하고 있었다.

첫째, 관곡의 진급(賑給)제도는 정부가 비축한 관곡을 여러 가지 형태의 재난을 당한 백성들을 구제하기 위하여 시행한 제도로서 삼국에서 자주 실시되었다.

둘째, 사궁구휼(四窮救恤)제도는 사궁(환과고독(鰥寡孤獨))의 무의무탁한 빈민을 구제하던 제도로서 삼국시대 여러 군주들이 친히 빈민을 방문하여 의류나 곡물 등을 베풀어 이들을 구제하였다. 그 결과 이들에 대한 구제가 군주의 의무처럼 인식되었다.

셋째, 자연재해로 인해 심한 피해를 입은 백성들에게 재해의 정도에 따라 조세를 감면하여 주던 조세감면제도가 있었다.

넷째, 대곡자모구면(貸穀子母俱免)제도는 춘궁기에 백성들에게 대여한 관곡을 환수할 때 재해 때문에 흉작이 되면 원금과 이자를 감면해 주는 구빈제도였다.

이러한 구빈제도는 우리 민족 고유의 상부상조정신에서 비롯된 것이며, 당시 민족문화 형성에 크게 기여한 유교, 불교, 선교의 교리에 영향을 받았을 것으로 생각된다.

삼국시대의 구빈제도는 임시방편적이었고, 사후 대책적인 성격이 강했기 때문에 지속적인 제도로 발전하는 데는 한계가 있는 사회복지행정이었다.

2) 고려시대

고려시대에는 우리 민족 고유의 상부상조정신과 당시 국교인 불교의 자비(慈悲)정신이 결합됨으로써 삼국시대의 민생구휼제도가 보다 체계화되고 확대 되었다. 불교의 핵심교리인 자비사상은 우리 국민의 의식구조에 뿌리내려 구제 사업에 큰 영향을 주었다. 자(慈)는 백성에게 즐거움을 주는 것을 의미하고, 비(悲)는 백성의 고생을 더는 것을 의미하는 것이었기 때문에 불도에 의해 구빈(救貧), 시료(施療), 고아보호 및 양로사업이 활발히 전개되었다.

상설구빈기관으로는 제위보, 흑창(성종 때 의창으로 개칭), 상평창, 유비창 등이 있었다. 그리고 임시구빈기관으로 동서제위도감, 구제도감, 구급도감 등이 있었다. 건국 초기부터 설치되었던 흑창은 고구려시대의 진대법이 발전한 것으로 평상시에 양곡을 쌓아 두었다가 흉년이나 기근, 전쟁, 전염병의 창궐 등 비상사태가 발생하였을 때 빈민을 구제한 제도였다.

또한 흉년이나 전쟁 등 각종 재해에 대비한 여러 구제정책이 있었고, 평상시에도 빈민들을 구제하기 위한 여러 가지 제도가 마련되어 있었다. 왕의 즉위 직후 또는 전쟁이 끝난 후 일정한 기간 동안 혹은 천재지변, 전염병의 유행 등에 의하여 심한 피해를 입게 된 백성들에게 조세와 부역을 감면해주는 은면제(恩免除), 재면제(災免除), 늙고 아내 없는 사람(鰥)이나 지아비 없는 가람(寡), 부모 없는 어린이(孤), 늙고 자식 없는 노인(獨)들에게 양곡을 대여하여 주거나 식량, 옷, 포목 등 생활필수품을 급여하여 주던 환과고독진대법(鰥寡孤獨賑貸法) 등이 있었다. 그리고 재민구휼을 위하여 많은 돈을 기부한 사람에게 벼슬을 주어 구호사업에 일반인들의 참여를 적극 유도하였던 납율보관제(納栗補管制)도 있었다. 또한 고려시대에는 동서대비원과 혜민국을 중심으로 생활이 어려운 환자에게 약과 옷을 나누어주고 치료해주는 의료보호사업을 실시하였으며, 홀로 된 어린이를 양육하여 양자로 입양시키거나 승려나 종으로 삼는 제도, 양로제도와 경로제도가 있었다.

이상과 같은 고려시대의 구빈사업행정은 이미 제도화되어 시행되었고, 삼국 시대보다 구체화·다양화되었다. 구빈제도의 시행과정에서 나타난 일관성 및 지속성 결여는 사회복지행정의 발전을 더디게 한 요인이 되었지만 국가책임하의 사회복지제도로서 구빈제도가 계속 유지되었다는 점은 평가되어야 할 것이다. 고려시대의 구빈제도는 조선시대의 사회복지행정이 유지되고 발전될 수 있는 모체역할을 했다고 할 수 있다.

3) 조선시대

조선시대에는 숭유억불정책 때문에 불교계나 민간에 의한 자선사업은 다소 쇠퇴하였다. 그러나 조선시대의 국왕은 유교이념인 왕도정치사상을 바탕으로 위민정치를 전개하였다. 위민정치는 주권자인 국왕과 국가의 생산을 도맡고 있는 백성과의 관계를 원만하게 유지하기 위한 이념이라 할 수 있으며, 그것은 백성의 구휼문제에도 상당한 영향을 미쳤던 것이다.

조선시대 초기의 사회복지의 내용을 살펴보면 빈민구제의 책임자는 국왕이고, 구제는 신속히 하여야 하며, 구빈행정의 일차적인 실시 책임은 지방장관에게 있고, 중앙정부는 구호관계의 교서 및 법규 제정과 지방구호행정에 대한 지도와 감독을 하는 것으로 되어 있었다. 조선시대의 대표적인 사회복지행정은 첫째, 춘궁기나 재해 시를 대비하는 비황(備荒)제도, 둘째, 매우 어렵고 가난한 사람들을 보살펴주는 구황(救荒)제도, 셋째, 병자의 치료 등 의료시혜에 관한 구료(救療)제도의 세 가지로 대별할 수 있다.

첫째, 비황제도는 삼창(의창, 상평창, 사창)을 위시한 창제의 운영을 들 수 있다. 이 가운데 관청에서 관할하는 의창(義倉)과 민간에서 관할하는 사창(社倉)은 춘궁기에 곡식을 빌려주었다가 추수기에 상환하게 함으로써 빈민이나 이재민을 구호하는 환곡제도이며, 상평창은 주로 곡물과 포목으로 물가조정기능을 하였다.

둘째, 구황제도로는 진궁(賑窮), 양로, 경로, 권조(勸助), 애상(哀喪), 관질(寬疾) 등을 들 수 있다. 여기서 진궁이란 홀아비, 과부, 고아, 무자식 노인 등 네 가지 궁한 사람들, 즉 4궁에 대한 구호사업을 말하는데, 특히 유아기의 보호와 입양에 관한 법적인 체계성과 내용을 지는 자휼전칙(字恤典則:정조 7년, 1783년 반포)은 일정한 한계 내에서 국가의 개입을 표방하고 있어 아동복지에 있어서 중요한 법령으로 평가되고 있다. 또한 고령 노인들에 대한 양로, 경로사업이 시행되었는데, 100세 이상의 노인들에게 신년 초에 양곡을, 90세 이상 노인에게는 매년 술과 고기를, 80세 이상 노인들에게는 지방관들로 하여금 향응을 제공하게 했다. 그리고 노인직을 명예직으로 하였으며, 이미 계급이 있는 사람에게는 일계급을 승진시켰다.

권조란 양반집 처녀의 혼인장려책으로 양반집 여자가 가난하여 30세가 넘어도 혼인하지 못하는 경우 호조에서 혼비를 지급하는 제도이고, 애상은 빈곤하여 장례를 치르지 못하는 사람에게 장례비를 지급하는 제도이고, 관질은 불구폐질자, 봉사, 절름발이, 문둥이, 간질병, 벙어리, 꼽추 등과 같이 자력으로 의식주를 해결하지 못할 뿐만 아니라 사람들이 혐오하는 사람들에 대한 대책으로 봉사에 대하여는 점술, 술 등을 팔게 하고, 절름발이는 그물을 짜서 자활할 수 있게 하고, 그 외는 경우와 상황에 따라 관청에서 구휼하는 제도였다.

셋째, 구료제도로는 활인서, 혜민서(처음에는 혜민국) 등이 운영되었는데, 활인서는 태조 때 설치되어 성안에 거주하는 환자를 구휼하는 일을 담당했고, 혜민서는 서민의 질병치료와 여자의사를 교육하는 일을 담당했다.

이 밖에 조선시대에는 계, 두레 등 민간의 상부상조관습과 오가통제도, 향촌교화로서의 향약의 존재 등 인보제도가 있었다. 계나 두레의 관습은 원시적 협동체의 관습으로서의 동지의 결합, 동업 혹은 동네주민의 단결, 일가친척의 상부상조, 애경사에 있어서의 공제 등을 목적으로 하는 민간조직이었다. 특히 두레는 마을 단위의 농민협동조직으로서 서로 협동작업을 하고, 농악을 연주하며, 즐기기도 하였던 관습이었다.

오가통제도(五家統制度)는 각 지역별로 구역 내의 지역주민이 서로 상부상조하고 연대책임으로 지역 내의 치안을 유지하고 복지를 증진하여 교화하고 지방행정의 운영을 돕게 하던 국영의 자치제도였다.

향약은 덕업상권, 과실상규, 예속상교, 환난상휼 등 4개 덕목을 실천목적으로 삼고 있었고, 그 중 환난상휼(患難相恤)의 구제방법으로 환난의 구호, 질병의 구호, 빈궁(貧窮)의 진휼(賑恤), 고약(孤弱)의 부양, 가자(嫁資)의 보급, 사장(死葬)의 조위, 사창의 경영 등 7개 사업을 규정하고 있었다.

4) 일제식민지시기 및 미군정시기

(1) 일제식민지시기

① 구호기관

한일합방 당시 조선총독부 지방과에서 담당했던 구호사업이 1921년에는 사회과가 설치되어 담당하게 되었는데, 당시의 방면위원제도는 오늘날의 사회복지 전문직 업무와 유사하였다. 그리고 1940년에는 후생국을 새로 설치하여 그 아래 사회과·노무과·위생과 등 4개과를 두어 사회복지업무를 담당하게 하였다.

② 구호제도

식민지 민중의 지배질서 확립과 황민(皇民)사상 등 식민지 이데올로기를 강화할 목적으로 이루어진 일제시대의 입법과 구호제도를 정리해보면 다음과 같다.

첫째, 구호법으로는 1914년에 제정된 '은사금 이재구조기금 관리규칙', 1916년부터 1944년까지 구빈행정의 기초가 된 '은사진휼자금 궁민구조규정', 1917년의 '행려병인 구호자금 관리규칙' 그리고 1944년의 '조선구호령' 등이 있다. 이들 법제는 전 근대적 구호책이었던 이재구호와 은사구호의 바탕이 되었다.

둘째, 민간사회사업조직인 기독교, 천주고, 불교단체가 유치원, 고아원 등의 육아시설과 사회관, 병원, 요양원 등을 설치하여 자선구제사업을 실시하였으나 태평양전쟁 발발 이후 많은 제재를 받았다. 이는 우리나라 민간에 의한 시설보호사업의 시작이었다는 점에서 의미가 있으며, 1921년의 '조선사회사업연구회' 결성은 근대 사회사업사에서 특기할만하다.

(2) 미군정시기

1945년 해방 이후 3년의 미군정기간 동안 사회사업 정책 및 구호에 관한 여러 각서(memorandum)가 후생국보에 발표되었는데 이는 조선구호령과 함께 복지행정을 수행하는 법적 근거 및 기준이 되었다.

1946년 1월 12일 후생국보 제3호에 의하면 공공구호를 요하는 자는 ①65세 이상 된 자, ②6세 이하의 부양할 아동을 가진 여자, ③13세 미만의 아동, ④불치의 병으로 신음하는 자, ⑤분만 시에 원조를 요하는 자, ⑥정신적 · 육체적 결함이 있는 자로 규정하였다.

1946년 1월 14일 발표한 후생국보 제3A호는 이재민과 피난민을 구호하기 위한 법제로서, 이에 따라 이들에게 식량, 의류, 숙사, 연료, 긴급의료, 차표 등의 편리를 제공하였고, 1946년 2월 7일 후생국보 제3C호를 통하여 빈민과 실업자를 구호하였다.

미군정의 복지행정은 요구호자에 대한 구호의 필요성 때문에 실시되었다기보다는 요구호자들에 의해 야기될 수 있는 정치적 불안에 대처하기 위하여 실시되었다. 따라서 구호의 범위와 수준이 열악할 수밖에 없었고, 구호행정 또한 배타적이고 일방적인 성격을 띠었던 것이다.

5) 정부 수립 이후

(1) 제1 · 2 공화국시기

우리나라의 1950년대는 서구 자본주의 도입 시기에 해당하며 사회복지행정의 형성기에 해당한다. 법제가 미약한 상태하의 사회복지정책이었으므로 뚜렷한 정책내용을 갖추지는 못하였으나 한국전쟁으로 인한 사호안정 대책 차원에서 일단의 진전이 있었다고 할 수 있다. 전쟁고아 대책으로 많은 고아원이 증설되었고, 전쟁사상자의 장애시설 수용, 전쟁미망인들 위한 모자원 설치 등이 있었다. 특히 전쟁미망인들에 의한 윤락문제가 대두되자 윤락 방지대책도 강구되었다.

이 시기에 현대적인 사회복지교육이 실시되었다. 1947년 9월 이화여대 기독교학과에 사회사업전공이 설치되었고, 1953년에는 중앙신학교에 사회사업학과가 설치되었으며, 1957년에는 국립사회복지종사자훈련원이 개원되었다.

1950년대의 사회복지정책은 법제적인 면에서는 구체적인 진전이 없었지만 사회부에 의해 응급구호가 실시되었고 민간 외원기관에 의해 사회사업이 이루어졌다.

(2) 제 3 · 4 · 5 공화국 시기

1963년부터 시작되어 이후 약 30년 간 시행된 경제성장정책은 1960년대, 1970년대, 1980년대로 구분해 볼 수 있는데, 이들 개별적 시기는 경제적 상황뿐만 아니라 정치 · 사회적으로도 각기 다른 특징을 보여주고 있다(고수현 외, 2002).

첫째, 1960년대는 사회안정을 위한 정책추진이 많았다. 5 · 16군사정부는 혁명공약에 따라 다량의 사회복지 관련법률을 입법하였고, 이러한 법률규정에 사회보장에 관한 국가책임을 천명하였다는 점에서 복지사적 의의가 있다 하겠다. 서구의 복지국가가 1940년대에 이미 사회보장의 국가책임을 확립한 것에 비하면 시기적으로 다소 늦은 감이 있지만 구호정책이 체계적인 복지정책으로 전환된 시기라는 점에서 의미를 찾을 수 있다.

둘째, 1970년대는 10월 유신에 의해 출범된 제4공화국이 정치적 불안 속에서도 경제성장과 사회개발 정책을 병행한 시기였다. 제4차 경제개발계획부터는 '경제·사회발전 5개년 계획'으로 명칭을 바꾸어 사회발전도 동시에 추구하겠다는 의지를 표명하였지만 전체적으로는 경제성장정책에 밀려 사회복지는 보완적 복지수준에 머물러 있었다.

셋째, 1980년대는 제5공화국 정부의 집권기로서 국가안보를 전제로 한 복지국가 건설을 추진한 시기였다. 사회복지 입법 면에서는 거의 완비가 된 시기이기도 하였다. 그러나 여전히 사회복지행정은 공공부조 차원을 벗어나지 못하였다.

① 사회복지법제

1960~1970년대의 제3·4공화국 시기에는 사회복지 관련법률이 대거 입법되었다. 공적부조법으로는 1961년 12월 30일 '생활보호법'이 1962년의 '재해구호법'과 '국가유공자 특별원호법'이 입법되었고, 사회보험법으로는 1960년 '공무원 연금법'이, 1963년 '산업재해보상보험법'이, 1977년 '의료보험법'이, 1973년 '국민복지연금법'과, '사립학교교원연금법'이 입법되었다. 사회복지 서비스법으로는 1961년의 '아동복리법', '고아입양특례법', '윤락행위 등 방지법', '갱생 보호법', 1970년에는 '사회복지사업법'이 제정되었다.

② 사회복지행정

이 시기의 구체적인 사회복지행정은 다음과 같다(고수현 외, 2002).

첫째, 1960년대는 한국전쟁을 치유하기 위한 수용시설과 최저생계보장을 위한 생활보호정책이 주류를 이루었다. 그리고 1950년대부터 사회복지사업의 중심적 역할을 수행하였던 민간외원기관이 철수하게 됨에 따라 자주적 사회복지 정책이 사회복지 행정분야를 중심으로 전개되었다.

둘째, 1970년대는 사회개발정책의 영향으로 한국적 지역사회 복지사업인 '새마을운동'이 지역사회개발 차원에서 전개되었으며, 민간 사회복지조직이 체계화된 1970년부터는 '사회복지법인 사회복지협의회'가 출발한 것을 시작으로 각 대학에서도 사회사업학과가 '사회복지학과'로 개칭되어 학문 내에서도 행정적인 측면이 강화되는 계기가 되었다.

셋째, 1980년대에는 제3·4공화국 시기에 제정된 사회복지 관련법률이 대거 개정되었고, 1987년 7월부터는 대도시 영세민 밀집지역 동사무소에 '사회복지전문요원'이 배치되는 등 사회복지행정에서 많은 발전이 있었다.

(3) 제6공화국 시기 이후

1987년 6월 항쟁으로 출범한 노태우 정부, 3당 합당으로 탄생한 김영삼 정부, IMF 경제위기 이후 집권하게 된 김대중 정부에 이르는 이 시기는 크게 보면 1990년대와 2000년이라는 새로운 세기의 초기에 해당한다.

이 시기는 1988~1992년까지의 제6공화국 시기와 1993~1997년까지의 문민 정부시기, 1998~2002년까지의 국민의 정부시기로 구분된다. 차기 정부 역시 헌법의 개정이 없는 한 제6공화국 헌법하의 정부가 될 것으로 보인다.

① 사회복지법제

1981년에 '심신장애자복지법'과 '노인복지법'이 제정되었고, 제6공화국에서는 1989년에 '모자복지법', 1990년에 '장애인고용촉진등에 관한 법률', 1991년에 '영유아보육법', 1992년에 '고령자고용촉진법'이 제정되었다.

문민정부시대에는 공공부조법보다는 사회복지서비스법의 제정과 개정이 많았는데 1997년 8월 22일의 사회복지사업법 개정으로 '정신보건법', '성폭력범죄의 처벌 및 피해자보호법', '입양특례법', '일본군 위안부 생활안정지원법', '사회복지공동모금회법', '장애인·노인·임산부 등 편의증진 보장에 관한 법률'이 추가되어 복지 13법시대를 열었다.

국민의 정부에서는 생활보호법을 확대·개편하여 '국민기초생활보장법'을 국민의료보험법을 확대·개편하여 '국민건강보험법'을 제정하였고, '장애인복지법'을 개정하였다.

② 사회복지행정

1988년 이후 우리나라 사회복지행정은 각 정부마다 각기 다른 특징을 지니고 있다.

첫째, 제6공화국 시기에는 공공부조 차원의 사회복지행정이 확대되었는데, 이는 경제성장 과정에서 소외된 빈곤층의 욕구에 대응하기 위해서였다. 이 시기의 특징은 현대 복지국가의 보편적 이념을 구현하기 위한 정책이 추진되었다는 점이다.

둘째, 문민정부 시기는 복지다원주의적 경향을 띠었다. 경기퇴조의 여건 속에서 '삶의 질의 세계화' 선언을 하기도 하였지만 주로 예산이 적게 소요되는 사회복지서비스 영역을 위조로 정책이 발전되었다.

셋째, 국민의 정부 시기는 '생산적 복지정책'을 기치로 국민기초생활보장 정책을 위주로 한 사회보험의 개혁에도 정책적 노력을 기울였으나 이익집단의 압력과 재정적인 한계로 정책이 제대로 추진되지 못하였다. 국민기초생활보장 제도는 사회복지행정에서 사례관리의 도입 등 현대적인 사회복지행정의 실시를 위한 기반을 이루게 되었다.

6) 사회복지행정의 역사적 전개와 각 시기별 특징

우리나라 사회복지행정의 역사적 전개와 각 시기에 따른 특징을 살펴보면 다음과 같다(장동일, 2004).

첫째, 우리나라 사회복지행정의 특징은 다른 동기보다 정치적 동기와 더욱 밀접히 관련되어 있다는 점이다. 다른 나라의 경우 정치적 요인과 어느 정도 관련되어 있기는 하지만 우리나라의 경우처럼 정치적 요인이 제1의 요인이 아니라는 점에서 차이가 난다.

제3·4·5공화국의 경우 각각 대통령선거 전후의 시기에 사회복지의 근간이 되는 법률들이 입법되었다. 1961년 생활보호법, 1963년 산재보험법이 입법되었고, 특히 1963년 10월 15일 대통령 선거 전에 사회복지 관련 법률이 대량 입법되었으며, 제4공화국 시기의 1973년 국민복지연금법, 1977년의 의료보험 및 의료보호법이 입법되었다. 생활보호법의 경우는 국민의 복지욕구, 정부의 복지 전달체계 등 여러 문제가 있음에도 불구하고 정치적 요인에 의해 즉흥적으로 입법되어 실시된 경우이다.

둘째, 사회복지 적용대상이 선별주의에서 점차 보편주의로 이행되는 경향을 보이고 있다. 사회보험의 경우 대부분의 개발도상국가들이 그러하듯 사회보험 실시가 용이한 계층에서부터 점차 전국민으로 확대되었다. 1977년 의료보험이 실시된 이후 1989년 7월 1일 도시지역 의료보험이 실시됨으로서 전국민의 개보험(皆保險)시대가 전개되었다. 이러한 현상은 국가가 사회복지법을 입법하면서 재정적인 지원 및 체계를 완비하지 않은 채 정치적 필요에 의해 즉흥적으로 사회복지법을 입법하였기 때문에 나타난 현상이다.

셋째, 사회복지서비스법은 정부의 실천의지 미약과 국가의 재정적 한계 때문에 강제규정보다는 임의규정을 많이 두어 입법되었다. 이에 따라 어떠한 정책이나 행정보다 공무원에게 많은 재량권을 부여함으로써 사회복지행정을 통한 대인적 서비스를 실시하는 데 문제가 되었다.

넷째, 특정의 법률을 입법하여 시행하려면 사전에 철저한 준비가 필요한데, 우리나라의 경우 정부가 공청회 등을 생략하고 일방적으로 입법하여 시행함으로써 사회복지에 대한 국민적 합의 도출과 국민통합을 달성하는데 실패하였다.

다섯째, 사회복지에 대한 이론과 연구의 열악성 및 사회복지 실천 경험의 일천성은 선진국의 법률이나 제도를 모방하게 하였다, 특히 사회복지 초기에 이런 경향이 심했다. 사회복지는 그 국가의 사회복지수준을 포함하여 경제, 정치 등 다양한 요소를 고려해야 하는데, 외국의 법률이나 제도를 모방함으로써 우리나라의 실정에 맞는 한국형 사회복지행정을 구축할 수 없었다.

여섯째, 이명박 정부에서 2008년7월1일부터 장기요양보험제도를 실시하여 독일, 일본에 이어 세계에서 3번째로 실시 된 것은 사회복지 행정의 역사에 길이 남을 만한 업적이다. 노인장기 요양보험이 실시되어 우리나라에서는 노인문제를 해결하는데 크나큰 공헌을 하고 있으며 노인복지의 향상이 실현된 대표적인 사례라고 할 수 있다.

제3장 사회복지서비스 전달체계

1. 사회복지서비스 전달체계의 개념

사회복지서비스 전달체계란 사회복지법과 정책을 사회복지서비스로 전환하여 전달하는 과정으로서 사회복지서비스 제공에 필요하고 또한 부수적인 활동을 지원하거나 촉진하는 여러 사람의 협동적인 활동과정을 말한다(장동일, 2004).

한편 사회복지서비스 전달체계를 서비스 전달주체와 분배의 관점에서 내린 정의가 있는데 즉, Friedlander & Apt(1980)는 사회복지서비스 전달체계란 클라이언트를 둘러싼 일체의 공·사적 복지기관의 서비스 전달망이라고 하고 있다. 서비스 이용자의 다양한 문제와 욕구, 서비스 제공자의 기술과 지식 및 자원 등이 상호작용을 이루며 전개되는 일정한 조직적 과정이라는 것이다. 또한 Gilbert & Specht(1986)는 사회복지서비스 전달체계란 지역사회에서 사회복지 편익을 소비자와 분배자간에 그리고 분배자들 사이에 조직적으로 배분하는 체계라고 정의하고 있다. 즉 사회복지의 조직적 환경인 사회복지기관 및 시설과 중앙에서 지방 일선에 이르는 모든 공사조직 등 일체의 공적 · 사적 기관과 이들 기관의 서비스 전달망을 의미한다는 것이다.

이러한 사회복지전달체계는 시장경제에서 유통구조와도 같은 개념이다. 수요자와 공급자를 연결하는 전달경로를 의미한다. 시장에서 생산자에게서 수요자에 이르는 유통구조가 복잡하면 가격이 비쌀 뿐 아니라, 질 좋은 상품을 구매하기 어렵듯이 사회복지전달체계가 복잡하면 복지예산의 낭비가 심화되고, 질 높은 서비스와 급여제공이 용이하지 않게 된다(허만형, 2004).

그러므로 사회복지서비스 전달체계(delivery system)란 사회복지서비스의 공급자와 소비자를 연결시키기 위한 조직적 연결(organizational linkage)로 정의할 수 있다. 즉 다수의 조직과 행위자들이 맞물려 있는 것이 바로 사회복지서비스 전달체계라는 것이다.

이를 협의의 개념과 와 광의의 개념으로 나누어 살펴보면, 협의의 개념으로는 사회복지서비스 전달체계란 사회복지사(서비스 전달자)와 서비스를 받는 고객(클라이언트,

수혜자) 사이의 대면적 상호관계를 통하여 일정한 장면(setting)에서 서비스(개입)를 전달(실천)하는 즉 서비스 전달업무를 실제로 '집행'하는 사회적 체계이다.

또한 광의의 개념으로는 사회복지전달의 집행체계는 상부의 행정체계로부터 규제, 지원 및 감독을 받으며 서비스를 전달하게 되므로 따라서 서비스전달체계는 전달자와 고객이 상호관계를 이루면서 서비스를 직접 전달하는 집행체계와 서비스 전달을 기획, 지시, 지원 및 관리하는 행정체계 모두를 포함하는 개념이다.

사회복지의 궁극적인 목적은 개개의 조직들이 각자 자신의 역할과 목적 달성에만 충실하다고 해서 달성되는 것이 아니며, 개개의 조직의 활동이 전체의 목적 달성을 위해 기여해야 달성되는 것이다. 따라서 개별 조직의 활동을 조정하고 통합하는 역할이 필요하며, 통합은 바로 전달체계의 이해를 통해 가능하다(전재일 외, 2006).

2. 사회복지서비스 전달체계의 성격 및 접근방향

1) 사회복지서비스 전달체계의 성격(김치영, 2004)

(1) 구조기능적 성격

행정체계는 서비스를 기획 · 지시, 지원 · 관리하는 것이고 집행체계는 서비스 수혜자들과 직접적인 대면 관계를 통해 서비스를 전달하는 과정을 말하며, 여러 사회복지서비스를 직접 클라이언트에게 전달하는 대부분의 일선 사회복지조직들은 서비스전달체계 중 집행체계에 속한다.

(2) 운영주체별 성격

공적 전달체계는 보건복지가족부를 중심으로 한 정부 조직의 위계망으로 구성되어 있고, 민간 전달체계는 복지재단, 자원봉사단체, 사회복지협의회, 이용 및 수용시설 등에서 클라이언트에게 전달하는 것을 의미한다.

(3) 서비스 종류별 성격

- 아동복지서비스 전달체계: 관련 공공기관, 보육시설, 학교급식, 일시 보호
- 노인복지서비스 전달체계: 관련 공공기관, 주간보호소, 양로원, 노인연금, 재가서비스 등
- 정신질환서비스 전달체계: 관련 공공기관, 정신질환자 가족협회, 정신병원, 요양

병원

- 생활보호서비스 전달체계: 공공기관의 위계조직적 체계, 대상자 발굴기관, 의료발굴기관

2) 접근방향

대체로 사회복지 행정조직의 유효성에 관한 논쟁은 다음과 같은 전달체계의 설계에 대한 세 가지 질문과 관계가 있다.

첫째, 의사결정의 권한과 통제는 어디에 위치하는가?

둘째, 누가 상이한 직무를 수행할 것인가?

셋째, 전달체계의 구성(단위의 수와 형태)은 어떻게 할 것인가?

이러한 문제점을 해결하기 위해서는 다음과 같은 비판적 요소를 고려하여 사회복지 행정조직에 접근해야 한다. 사회복지 행정조직에 대한 비판, 즉 단편성, 비접근성, 불연속성, 무책임성 등은 지방의 사회복지서비스 전달체계의 특징적인 초점이 맞추어지는 경향이 있다(장동일, 2004).

단편성의 문제는 조직상의 특징과의 관계 특히 조정, 위치설정, 전문화에 관한 것이다. 예를 들면 서비스는 한 장소에서 이용할 수 있는가? 사회복지서비스 조직은 그들의 서비스를 통합적으로 전달하려고 노력하고 있는가 하는 문제점들이다.

비접근성의 문제는 사회복지서비스의 네트워크에 연결할 때 생기는 장애에 관한 것이다. 비접근성은 사회복지를 필요로 하는 클라이언트가 여러 가지 문제 때문에 사회복지조직에 접근하는 것이 어렵게 되는 것을 말한다.

불연속성의 문제는 사회복지서비스의 네트워크를 이용하는 수요자가 접근하는데 대한 장애와 서비스 기관이 자원을 통해 문제를 해결할 수 있도록 서비스간 연속성이 구비되어 있지 않을 때 발생하는 문제이다. 이런 현상은 사회복지 행정조직 내의 의사소통의 문제와 직접적인 관계를 가진다.

무책임성의 문제는 수요자와 사회복지서비스 조직의 의사결정자와의 관계에 관한 것이다. 이러한 무책임성의 문제를 해결하기 위하여 각국에서는 사회복지행정에 평가제도를 도입하고 있다(장동일, 2004).

3. 사회복지서비스 전달체계의 기능

사회복지서비스 전달체계를 구성하는 다양한 조직들은 국민의 복지증진이라는 목표 달성을 위하여 각각의 분화된 기능들을 수행하고 있다. 사회복지서비스 전달체계는 행정조직체계와 집행조직체계라는 두 가지의 전달체계로 구성되어 있다(성규탁, 1996).

행정조직체계와 집행조직체계가 수행하는 구체적인 기능을 살펴보면 다음과 같다(노시평 외, 1999).

1) 행정조직체계의 기능

(1) 계획기능

사회복지정책과 사업의 수립 · 개발은 사회복지서비스 전달체계의 활동방향과 조직운영의 지침이 된다. 사회복지서비스 전달체계는 국민의 복지증진을 위해서 국민들의 생활을 조사·분석하고 이를 기초로 사회복지정책을 형성하고 결정함으로써 구체적인 집행계획을 수립하는 기능을 담당한다. 국민생활의 조사와 분석은 국민들이 바라는 다양한 사회복지의 욕구와 실태를 파악하는 방법이 된다.

이처럼 사회복지에 관한 정책과 계획을 수립하기 위해서 주로 활용되는 것으로는 사회지표(social indicator)가 있다. 사회지표는 정책평가에 있어서 특정의 정책이 초래한 변화의 정도를 측정하는 도구로서, 보다 구체적으로는 국가사회가 물질적인 것은 물론 정신적 그리고 사회적인 면에서 어느 정도 건강한가를 측정하는 도구로서 개발된 척도 즉 지표를 의미한다. 따라서 사회지표는 한 나라 국민들의 복지생활수준이 어떤 상태인가를 진단하는 기준이라고도 말할 수 있다.

우리나라의 경우 사회지표의 체계를 살펴보면 인구, 소득 · 소비, 고용 · 노사, 교육, 보건, 주택 · 한경, 사회, 문화 · 여가, 공안 등의 9개 부문으로 구성되었으며 그에 따라 250여개의 지표를 작성하고 있다.

(2) 재원 확보의 기능

사회복지서비스 전달체계의 투입요소로서 가장 중요한 것은 재원의 확보이다. 아무리 좋은 사회복지정책과 계획이 마련되어 있다고 하더라도 이를 추진하는데 필요한 소요 재원이 뒷받침되지 않는다면 이들 정책과 계획이 집행될 수 없기 때문이다. 따라서 행정조직체계는 공적부조와 사회복지서비스의 계획수립단계에서부터 소요 재원을 파악하고 예산편성에 이를 반영하려는 노력을 기울여야 한다.

재원의 확보는 집행조직체계에서도 중요하다. 행정조직체계에서 배정하는 예산만으로는 증가하는 지원사회의 사회복지수요를 충족시키기가 어렵기 때문이다. 사회복지정책의 수혜자들은 비물질적인 서비스도 필요하지만, 물질적인 서비스가 보다 많은 비중을 차지하기 때문에 충분한 재원의 확보야말로 사회복지서비스 전달체계의 성공적 업무수행을 가능하게 하는 결정적 요인이 된다.

(3) 통제기능

사회복지서비스 전달체계는 각각의 조직들이 부여된 업무와 기능을 적절히 수행할 수 있도록 통제하는 기능이 필요하다. 이러한 통제는 상급조직에 해당하는 행정조직체계에 의해 이루어지며, 한편으로는 각 조직의 상급자에 의해서도 이루어진다. 또한 사회복지체계의 환경을 구성하는 다른 행정기관과 이익집단, 입법부와 사법부, 언론, 국민 및 사회복지의 수혜자들에 의해서도 통제기능이 수행되어진다.

(4) 평가기능

평가기능은 사회복지서비스 전달체계가 수행한 사회복지서비스 목표의 달성과 관련된 제 측면과 관련된다. 먼저 사회복지서비스에 투입된 비용과 산출로서 나타난 성과간의 비교를 통해 사회복지서비스 전달체계의 능률성과 효과성을 평가할 수 있다. 또한 사회복지서비스 전달체계에 대한 평가는 사회적 형평성과 민주성의 실현정도도 중요한 평가내용이 된다. 평가의 결과는 사회복지정책과정에 다시 투입되는 환류(feedback)과정이 이루어져야 한다.

2) 집행조직체계의 기능

(1) 욕구파악기능

사회복지서비스 전달체계는 국민의 욕구를 파악하는 기능이 있다. 특히 집행조직체계는 사회복지서비스를 필요로 하는 사람들에 대한 조사와 지역사회 및 주민들의 사회복지에 대한 욕구를 파악하여 이를 행정조직체계에 보고하여 사회복지계획의 수립에 반영될 수 있도록 하는 기능을 수행한다. 다양한 욕구와 변화되는 상황을 정확하게 파악하여 사회복지정책과 계획의 수립에 반영해야만 효과적인 사회복지서비스 전달이 가능하다. 국민의 사회복지에 대한 욕구파악은 사회복지서비스 전달체계의 제1차적 기능이라고 할 수 있다. 이를 통해 사회복지정책의 대상자를 선정하고 사회적 문제를 분석할 수 있기 때문이다.

(2) 서비스 전달기능

사회복지서비스 전달체계는 사회복지서비스를 필요로 하는 대상자들에게 서비스를 직·간접적으로 전달하는 기능을 수행한다. 사회복지서비스 전달체계가 존재하는 이유는 보다 효율적인 사회복지서비스를 전달하기 위해서이다. 사회복지서비스 전달체계의 구조를 살펴보면, 상위행정조직인 보건복지가족부가 있고, 중간조직으로는 특별시·광역시·도가, 하위 집행조직으로는 시군구와 읍면동 등이 있다. 여기서 사회복지서비스의 전달과 관련된 업무는 분화된 하위조직들이 담당하고 있다.

사회복지서비스의 전달은 주민중심 즉, 수혜자 중심의 서비스를 구축해야 한다. 그러나 과거 사회복지서비스의 전달은 관료주의와 행정편의주의가 우선하였다는 비판이 제기되어 왔다. 사회복지서비스 전달체계의 서비스전달체계가 제 기능을 수행하기 위해서는 상위조직이 행정조직체계와 하위조직인 집행조직체계간에 유기적인 업무분담체계가 형성되어 관료적 위계질서를 우선하는 경직된 조직체계보다는 수혜자에 대한 서비스를 우선하는 고객중심의 사회복지서비스 전달체계가 형성되어야 한다. 또한 사회복지서비스 전달체계는 정부의 공적 전달체계와 민간부문의 전달체계 간에도 업무분담과 통합적 운영이 요청되고 있다.

사회복지서비스 전달체계가 제공하는 서비스의 질은 구성원들의 지식과 기술 그리고 업무수행의 태도에 따라 결정되기 때문에 조직구성원들의 능력개발과 유지가 중요하다. 사회복지서비스의 전달에 필요한 지식과 기술을 겸비한 유능한 구성원들을 충원하고 업무수행에 대한 평가를 통해 직무에 대한 만족과 책임성을 확보해야 한다.

4. 사회복지서비스 전달체계 구축의 주요 원칙

사회복지서비스 전달체계의 구축에는 고려되어야 할 8가지 원칙을 제시하면 다음과 같다(최성대·남기민, 2007).

1) 전문성의 원칙

사회복지서비스 제공업무는 그 특성에 따라 반드시 전문가가 하지 않아도 되는 것도 상당하지만 핵심적인 주요 업무는 반드시 전문가가 담당해야 한다. 사회복지 분야의 종사자는 전문성의 정도에 따라 전문가(professional), 준전문가(para-professional), 비전문가(non-professional)로 구분될 수 있다. 여기서 전문가란 상식적으로 생각하는 경험과 지식이 많은 정도의 사람이 아니라 자격이 객관적으로 인정된 사람(국가 또는 전문 직업단체의 시험 또는 기타 자격심사에 의하여 자격증을 부여받은 사람)으로 자신의 전문적 업무에 대한 권위와 자율적 결정권 및 책임성을 지닌 사람을 말한다. 사회복지분야에 있어서는 사회복지사, 의사, 간호사, 보육사, 물리치료사, 작업치료사, 영양사 등의 여러 전문가가 참여하고 있지만 그 중에서 사회복지사가 가장 보편적인 전문가이다.

업무의 성질상 전문성을 덜 요하는 것은 준전문가가 담당하고 비숙련업무 및 일반 행정업무는 비전문가 또는 경우에 따라서는 자원봉사자가 담당하도록 되어야 한다. 사회복지서비스의 효과성과 효율성을 위해서도 이러한 원칙은 반드시 지켜져야 할 것이다. 사회복지서비스의 대부분은 헌신적 자세, 경험, 교양과 상식만 있으면 누구나 할 수 있고 자원봉사자들이 할 수 있는 그런 성질의 것은 결코 아닌 것이다.

2) 적절성의 원칙

사회복지서비스는 그 양과 질과 제공하는 기간이 클라이언트나 소비자의 욕구충족(또는 문제해결)과 서비스의 목표(자활 및 재활) 달성에 충분해야 한다.

예를 들면 소득보장을 위한 급여가 최저생계비 수준에도 못 미친다던가, 상담 서비스가 단순히 타이르고 조언하는 정도에 그친다던가, 서비스 제공기간이 너무 짧다든가 하면, 소비자는 욕구를 충족할 수 없을 뿐만 아니라 나아가서는 서비스의 목표를 달성하기 어려울 것이다.

이러한 적절성의 원칙은 재정형평상 제대로 지키기 어려운 경우가 많고 그 적절성의 수준에 대해서도 논란이 있을 수 있다. 우리나라에서는 현재까지 거의 대부분의 공적 사회복지서비스는 적절성의 수준에 크게 미달하였고 그 중의 상당수는 서비스를 단순히 제공한다는 명목주의적인 것이었다고 할 수 있기 때문에 전달체계의 구축에 있어서 특히 이 점에 유의하여야 할 것이다.

3) 포괄성의 원칙

사람들의 욕구는 다양할 뿐만 아니라 한 가지 문제는 다른 여러 가지의 문제와도 연관되어 있는 것이 일반적이기 때문에 다양한 욕구 또는 다양한 문제를 동시에 또는 순서적으로 해결하기 위하여 다양한 서비스를 필요로 한다.

예를 들면 많은 경우 소득보장의 문제는 경제적 원조 뿐만 아니라 작업훈련 또는 직업알선 문제, 행동개선 문제, 질병치료문제, 가족문제, 자녀교육 문제 등의 다양한 문제와 얽혀있기 때문에 동시에 또는 우선순위에 따라 문제를 해결하기 위한 다양한 서비스가 필요하다. 서비스의 포괄성을 달성하기 위해서는 한 사람의 전문가가 여러 문제를 다루거나(일반화 접근방법; generalistic approach) 아니면 각각 다른 전문가가 한 사람 각각의 문제를 다룰 수도 있고(전문화 방법; specialistic approach) 또는 여러 전문가들이 한 팀이 되어 문제를 해결할 수도 있다(집단 접근방법; team approach), 일반화 접근방법은 전문성이 약해질 우려가 있고, 전문화 접근방법은 문제진단과 서비스간의 통합조정이 어려워질 우려가 있고, 집단 접근방법은 전문가들간의 갈등이 있을 수 있는 등의 단점이 있다. 비교적 새로 개발된 방법으로 복합적이고 다양한 문제를 가진 개인의 문제를 해결하는데 있어서 한 전문가가 책임을 지고 계속적으로 필요한 서비스의 전문가를 찾아 연결시켜 주고 적절한 서비스를 받을 수 있도록 하는 사례관리방법(case management)도 있다

4) 지속성의 원칙

한 개인의 문제나 욕구를 해결하는 과정에서 필요한 서비스의 종류와 질이 달라져야 하는 경우가 많은데 한 개인이 필요로 하는 다른 종류의 서비스와 질적으로 다른 서비스를 지역사회 내에서 계속적으로 받을 수 있도록 그러한 서비스들이 상호 연계되어야 한다(Gates, 1980).

예를 들면 직업훈련 프로그램이 직업알선 프로그램과 잘 연계되어 있지 않으면 직업훈련을 통한 소득증대의 목표를 달성할 수 없을 것이다. 지속성의 원칙이 잘 적용되기 위해서는 같은 조직 내의 서비스 프로그램간의 상호협력이 잘 이루어져야 할 뿐 아니라 지역사회 내의 사회복지서비스 조직간에도 유기적인 연계가 잘 이루어져야 한다. 지속성의 원칙이 잘 적용되지 못하는데는 클라이언트의 문제를 전반적으로 서비스 전달자 어느 한 사람이 잘 파악하고 필요한 서비스를 연결하고 사후 확인하는 절

차와 방법을 취하지 못하는 경우가 있기 때문이다. 이러한 경우에는 사례관리의 방법을 활용하는 것이 바람직하다.

5) 통합성의 원칙

클라이언트의 문제는 많은 경우 복합적이고 상호 연관되어 있기 때문에 이러한 문제의 해결을 위한 서비스들도 서로 연관되어야 한다. 한 클라이언트의 각각 다른 문제들을 해결하기 위한 서비스들이 서로 연결성없이 제공된다면 클라이언트를 조각으로 분리하는 것과 같다.

예를 들면 저소득층 청소년의 도벽문제는 아버지의 음주, 어머니의 가출, 친척에 대한 불만, 불량교우와의 교제, 학교 교우관계 문제, 성적문제 등과 연관되어 있다면 이러한 문제해결을 위한 서비스들이 한 조직 내에서 제공되는 경우 서비스간에 상호연계와 협조가 되지 않거나 또는 서비스들이 서로 다른 기관에서 제공되는 경우 기관간에 상호연계와 협조가 잘 되지 않는다면 그 청소년의 문제는 효과적으로 해결될 수 없을 것이다.

탁아프로그램은 양호, 교육, 급식, 영양교육, 가족계획 교육 등이 통합되는 것이 바람직하고, 미혼모서비스 프로그램은 탁아, 보건, 급식, 사회사업서비스 들이 통합되는 것이 바람직하다. 서비스가 통합적으로 제공되기 위해서는 한 행정책임자 아래 서비스들이 제공되고 서비스 제공 장소(조직)들이 지리적으로 상호 근접되고 서비스 프로그램간 또는 서비스 조직간에 상호 유기적인 연계와 협조체제가 갖추어져 있어야 한다.

6) 평등성의 원칙

특별한 경우 소득수준(예를 들면 공공부조의 경우)이나 연령(예를 들면 18세 미만의 아동에 대한 교육부조, 65세 이상의 노인에 대한 건강진단)에 의한 제한을 하는 외에는 기본적으로 성별, 연령, 소득, 지역, 종교, 지위에 관계없이 모든 국민에게 사회복지서비스를 제공하여야 한다. 현대사회에서는 사회적 변화에 의하여 개인의 경제적 형편에 관계없이 많은 문제들이 개인에게 발생하고 있다.

부부간의 문제, 청소년비행, 산업재해 및 교통사고에 의한 장애문제, 성폭력문제 등은 소득이 높고 낮음에 거의 관계없이 모든 사람 또는 가족에게 발생하고 있기 때문에 국가는 사회복지서비스를 이런 모든 사람들에게 평등하게 제공하여야 한다.

7) 책임성의 원칙

사회복지조직은 복지국가가 시민의 권리로 인정한 사회복지서비스를 전달하도록 위임받은 조직이므로 사회복지서비스의 전달에 대하여 책임을 져야 한다. 책임을 져야 할 주요 내용은 서비스가 수혜자(소비자)의 욕구에 적절히 대응하는 것인가, 서비스의 전달절차가 적합한가, 서비스가 효과적이고 효율적인가, 서비스 전달과정에서의 불평과 불만의 수렴장치는 적합한가에 대한 것이 되어야 하고, 사회복지조직이 구체적으로 책임을 지는 대상자는 사회나 국가를 대표하는 실제인 중앙정부 및 지방정부와 서비스의 수혜자(소비자)가 되어야 한다.

8) 접근 용이성의 원칙

사회복지서비스는 그것을 필요로 하는 사람들이면 누구나 쉽게 받을 수 있어야 하기 때문에 클라이언트(소비자)가 접근하기에 용이하여야 한다. 클라이언트가 서비스에 접근하는데는 여러 가지의 장애요인이 있을 수 있는데 주요한 장애요인으로는 서비스에 관한 정보의 결여 또는 부족, 지리적 장애(원거리 또는 교통의 불편 등), 심리적 장애(자신의 문제 노출에 대한 두려움, 수치감 등), 선정절차상의 장애(클라이언트로 선정되는데 있어서 자산조사의 엄격한 적용, 시간이 많이 걸림), 자원부족(금품이나 상담자의 부족 등) 등이 있다.

따라서 사회복지조직의 서비스 전달은 이러한 장애요인들을 가능하면 제거하여 클라이언트가 서비스의 제공 장소에 쉽게 접근하여 서비스를 받을 수 있도록 설계되어야 한다(최성대 · 남기민, 2007).

5. 사회복지서비스 전달체계 현황 및 과제

1) 사회복지서비스 전달체계의 현황

현재 우리나라의 복지행정체계는 보건복지가족부의 정책을 광역지방자치단체, 기초자치단체 읍면동사무소의 구조를 집행하는 체계이며, 각 지방의 행정인력 수급과 관리, 행정조직의 구조 및 개편과 관련한 사항에 대해서는 행정자치부와의 협의 혹은 지시를 통해 이루어지고 있다.

복지행정체계를 통해 진행되는 제도에는 국민기초생활보장업무, 노인복지, 장애인복지, 아동복지, 여성 및 청소년복지 등이 포함된다. 이들은 대체로 보건복지가족부의 정책이지만, 기초생활보장 수급자의 자활업무, 여성 및 청소년업무 등은 노동부, 교육인적자원부, 여성부, 문화관광부 등의 정책 및 전달체계와 연관되어 있다. 즉 주무부처의 보건복지가족부를 위시하여 노동부, 교육인적자원부, 문화관광부, 여성부, 국가보훈처 등 거의 부처가 공공복지와 사회복지서비스 문제에 관여하고 있다.

이와 같이 우리나라의 사회복지제도는 당초부처 개별분립제도를 도입하였기 때문에 자연히 업무 관장도 각 부처별로 분리되어 제도적 합리성이 결여되어 있다. 전국을 통일적으로 포함, 관할하는 사회복지 지향적 제도, 즉 사회복지를 통합, 관장하는 독립부서 체계가 확립되지 않은 채 운영되고 있는 것이다.

사회복지에 관한 사항은 보건복지가족부가 주무부처임에도 불구하고 직접적인 하위 전달체계를 갖고 있지 못하기 때문에 지방수준에서는 광역자치단체와 기초자치단체인 읍면동의 3단계 전달체계를 통하여 전달되고 있다. 사회복지업무가 행정자치부조직에 의해서 실시되고 있는 것이다. 이를 수혜자의 입장에서 보면 서비스의 한정, 융통성이 없다는 점, 전문적인 개별 서비스를 기대하기 어렵다는 등의 단점을 지니고 있다(정인숙, 2008).

(1) 보건복지가족부

보건복지가족부는 공공부조와 사회복지서비스, 사회보험, 보건에 관한 기본 계획을 수립하고 구체적인 사업운영의 틀을 마련한다. 기초생활보장 수준을 결정하고 예산을 편성하고 배정받아 집행하며, 행정자치부에 관련 업무를 전담할 사회복지전담공무원의 충원을 요청하고 지방자치단체에 대해 필요한 지시를 행한다. 광연자치단체에 대해서는 공공부조 및 사회복지서비스 사업 계획을 실행하기 위한 시행령을 시달하고, 사업 수행을 위한 자원이 전달되며 감독이 행해지고 사업수행 결과를 평가하게 된다.

(2) 광역자치단체

광역자치단체의 사회복지행정은 보건복지국 밑의 사회복지과를 중심으로 여성정책과, 보건위생과, 장애인복지과, 노인복지과 등에서 그 업무를 수행하고 있다. 그러나 특별시, 광역시, 도의 사회복지과를 제외하고는 약간씩의 차이가 있다. 또한 특별시, 광역시, 도에서는 사회복지서비스에 대한 구체적인 실천기관으로 아동상담소, 부녀상담소, 가정상담소, 여성회관, 사회복지관 등 각종 사회복지시설을 운영하기도 한다.

(3) 기초자치단체

기초자치단체의 사회복지행정은 시군구 또는 인구규모에 따라 약간씩 차이가 있다. 시군구의 사회복지행정은 사회복지과를 중심으로 펼쳐지고 있으며, 기초자치단체에서도 사회복지서비스의 전문기관인 근로청소년회관, 부녀·아동사무소, 여성복지회관, 종합사회복지관 등 각종 사회복지시설을 설치, 운영하고 있다.

(4) 읍면동(주민자치센터)

4만명 이상의 읍의 경우 주민과 밑에 사회계 또는 복지계를 인구 3-4만명 미만인 읍은 총무과 밑에 사회계를, 인구 3만명 미만의 읍은 부읍장 밑에 사회계를 각기 설치하고 있다. 그 외의 읍의 경우는 총무계 소속으로 사회담당공무원을 두고 있으며, 면이나 동의 경우에는 사회계(복지계)를 두어 복지관련 업무를 추진한다. 읍면동장은 자원봉사자인 복지위원 및 아동위원을 위촉하여 그들의 활동을 보좌하도록 되어 있었는데, 2000년부터 정부의 동기능 전환 확대시행계획에 의해 읍면동단위의 사회복지업무는 주민자치센터에서 담당하고 있다.

2006년 정부에서는 시군구의 사회복지 전달체계를 크게 개편하였는데 이는 시군구에 주민생활국을 신설하고 기존의 읍면동에서 수행하던 사회복지서비스의 상당수를 시군구로 이관하여 통합적 One-Stop서비스를 제공하려는 의도에서 이루어진 것이다(행정자치부, 2006).

2006년에는 1단계로 53개의 시범지역에 주민생활지원국 또는 주민생활지원과를 설치하고, 읍면동에는 주민생활지원팀을 설치하였다. 2007년 1월부터 2단계로 129개 시군구가 조직개편을 하고 나머지는 2007년 7월부터 전달체계가 개편되어 모든 읍면동사무소가 주민생활지원 위주로 탈바꿈하였다.

주민생활지원서비스는 취약계층에게 제공되는 복지서비스 이외에 주민생활의 질 향상을 위해 제공되는 서비스를 모두 포괄하는 개념으로 복지·보건과 고용·주거·평생교육·생활체육·문화·관광을 포괄하는 것이다. 지역 주민의 행정수요가 복지와 주민생활 전반의 편익제공에 대한 수요로 다원화되는 상황에서 행정 혁신을 통해 주민 욕구에 부합되는 종합적인 대응을 준비한다는 취지로 주민생활지원서비스 전달체계 개편이 추진되고 있다(정인숙, 2008).

2) 사회복지서비스 전달체계의 과제

사회복지서비스 전달체계의 과제에 있어서 기본 방향 내지 목적을 보면 다음과 같다.

첫째, 조사-행정중심의 지방행정을 서비스중심(service-oriented)으로 전환하고 공공의 책임성을 향상시켜야 한다. 즉 중앙정부 정책의 단순집행이 아닌 지역단위 복지수요·공급관리에 근거한 사업을 기획·관리하고, 신규 발굴이나 조사 부담을 축소하며 사후관리와 서비스의 확대해야 한다.

둘째, 주민의 복지수요에 대응하는 대응성(responsiveness)을 강화해야 한다. 대응성 강화를 위해서는 보다 쉽고 접근이 편리하며 풍부한 서비스를 '적시에' 제공해야 할 것이다.

셋째, 욕구에 맞는 급여 및 서비스를 제공하고 체계적인 사후관리(case management system)로 문제예방과 사회통합에 기여해야 한다. 이를 위해 사례관리 매뉴얼의 개발(사회복지서비스의 실시와 통합)이 필요하다.

넷째, 서비스에 대한 정보제공 및 찾아가는 서비스, 신속한 서비스, 통합적인 서비스를 통한 수요자 중심의 접근(any-stop services)을 강화해야 하다. 이를 위해 초기상담(intake) 창구를 다원화하고 콜센터의 기초민원 대응 기능을 강화시켜야 한다.

다섯째, 민관 협력(partnership) 서비스를 공식화하고 민간자원의 연계(networking)를 강화시켜야 한다. 즉 민간 서비스기관, 유관 공공기관과의 다양한 협력방식을 활용(인력 파견, 정보공유·교류, 공통서식 활용 등 전산기반 마련)해야 할 것이다.

이러한 기본방향 내 목적 하에 앞으로 사회복지서비스 전달체계가 나아가야 할 과제는 다음과 같다.

첫째, 일선 창구에서의 intake 기능의 강화이다. 사회복지정책 집행의 기초단위인 시군구를 중심으로 센터를 설치하여 대민서비스 기능을 향상시키고 사례관리의 활성화, 민간과의 협력을 통한 서비스를 확대시켜야 한다.

둘째, 사후관리의 강화로 공공부조 수급자의 급여 변동 등에 대해 철저히 사후관리를 하고 자활·자립 지원해야 한다. 또한 서비스 제공과 지속적 지원이 필요한 가구에 대한 사례관리도 필요하다.

셋째, 긴급지원 및 서비스 기능의 강화이다. 중앙 129콜센터와 연계하는 지역단위 콜센터 기능의 활성화를 통해 수요자들이 편리하게 접근할 수 있도록 하고 이에 신속하게 대응할 수 있도록 해야 한다.

넷째, 보다 풍부한 복지 정보와 실질적인 서비스 이용이 가능하도록 담당자에게 연계·의뢰(Information & Referral Services)할 수 있도록 한다. 콜센터와의 정보시스템 결합을 통해, 통합적 서비스를 위한 공공, 민간의 관련 서비스 주체간 정보 연계를 실현해야 할 것이다.

다섯째, 민간 사회복지서비스 활성화이다. 따라서 민간 사례관리 체계 활성화를 위한 민-관협력 기반을 구축하고 공공 자원의 개발·배분 및 관리 기능을 강화해야 하다.

여섯째, 사회복지통합정보망의 구축을 통한 서비스 인프라를 마련해야 한다. 이를 통해 자산조사의 부담을 줄이고 중복행정 부담을 감소시킬 수 있도록 공공, 민간의 서비스를 연계시키고 사례관리 기반을 구축해야 한다(한국보건사회연구원, 2008).

이러한 사회복지서비스 전달체계의 목적을 달성하기 위한 과제를 보면, 먼저 서비스 전달자 간의 네트워크는 필수적 서비스 주력단체와 보완적 서비스 지원단체로 구분하여 네트워크를 구축해야 한다. 명확한 체계를 구축하여 기초자치단체를 권역으로 구분하여 직접적인 서비스를 실시할 수 있는 기반을 조성하되 전반적으로 부족한 서비스를 제공할 수 있는 보완적 체계를 마련해야 한다.

뿐만 아니라 광역시를 중심으로 타 시군구의 협력도 필요하다. 기초자치단체의 적극성과 역량 강화를 통하여 구별 특성에 부합되는 프로그램을 개발하여 서비스의 효과성을 높이고 효율성을 제고할 수 있다.

민간 사회복지시설은 사회복지전달체계에 있어 대단히 중요한 위치를 차지하고 있다. 정책 입안 단체부터 실행단계에 이르는 여러 단계 중 마지막 단계에서 직접 클라이언트 또는 복지 수요자에게 사회복지서비스를 전달하는 역할을 한다. 현재 대부분의 복지시설은 민간 법인에 위탁되어 운영하고 있는 만큼 이에 대한 지원도 강화해야 한다. 복지시설 운영비에 대해서는 국고보조가 행해지고 있으나 충분하지 않아 법인이 필요한 경비를 지원해야 하는 적지않은 부담을 안고 있다. 사회복지시설이 제 기능을 다하고 클라이언트에게 적절한 서비스를 제공하기 위해서는 사업수행과 복지시설 운영에 대한 재정적인 뒷받침이 필수적으로 이루어져야 할 것이다.

사회복지 제공 시설은 시설의 민주적 운영과 투명성을 강화하여 시설(기관) 프로그램의 신축성과 융통성을 강화하며, 긴급하게 도움이 필요한 위기상황에 대처할 수 있는 긴급구호시스템을 마련하여야 한다. 또한 위기상황에 처한 지역주민, 치료적 서비스가 필요한 주민, 장기간의 훈련과 교육이 필요한 주민에게 효과적으로 서비스를 제공할 수 있는 시스템을 도입하여 다양한 서비스를 제공하되 긴급한 상황에 대처할 수 있도록 시스템을 강화하여야 한다.

사회복지에 대한 책임의 소재는 국가에 있다. 국가는 민간의 노력이 국가의 기능을 대신 수행하고 있다는 점을 인식하되, 시설에서 생활하며 사회복지서비스를 이용하는 지역주민들도 국민이라는 사실을 인지하여야 한다. 따라서 지역주민들의 다양한 욕구를 충족시키며, 삶의 질을 강화하기 위하여 시설인력의 질적 수준을 증진시켜야 한다.

사회복지시설에서 근무하고 있는 사회복지사의 급여를 현 공무원 수준으로 현실화해야 하고 시설인력의 불충분한 대우를 개선하여 사회복지사의 생존권을 보호하고 나아가 지역주민들의 복지증진에 기여할 수 있도록 하여야 한다. 더불어 주5일 근무제가 보편화되고 주당 근무시간이 44시간에서 40시간으로 줄어들기 때문에 사회복지사의 근로시간도 주당 40시간으로 규정하여 근로기준법에 정한 노동권을 보호하여야 한다. 사회복지사의 사기와 만족도는 클라이언트의 삶의 질을 직간접적으로 영향을 미치기 때문이다.

또한 민관, 민민의 유대적 협조관계가 형성되지 않아 소비자 욕구중심의 서비스를 제공하지 못하고 공급자 중심의 서비스를 제공하여 효과가 미미하기도 하다. 따라서 민관, 민민의 정보 교류를 강화하고 다양한 협조를 제공하여 적극적으로 대처하는 서비스가 요구된다.

분권화의 의의는 지역주민들의 욕구를 충분히 반영하고, 지역적 수준과 능력에 부합되는 사회복지정책을 실현하는데 있다. 철저하게 지역주민들의 욕구를 파악하고 당사자로서의 적극성을 존중하여 주체적 참여가 보장되어야 한다. 복지예산을 분석하여 적정성을 존중하여야 하며, 필수적 기능을 제공하되 부가적 서비스가 필요하다. 취약계층인 노인에 대한 사회복지서비스를 강화하여 기본적 생활을 영위할 수 있는 기회를 제공하며, 소비자 중심의 통합적인 복지서비스 제공체계 마련하여 지역주민들의 주체적 참여를 강화하여야 한다(정인숙, 2008).

제4장 사회복지행정 이론

1. 관료제이론

관료제(bureaucracy)란 개념은 거대한 정부조직을 의미할 때도 있고 조직의 병폐를 의미하는 용어로 사용되는 경우도 있으나 일반적으로 계층적 조직구조를 갖고 합리적인 지배가 제도화된 조직형태를 의미한다. 관료제이론은 Weber에 의해서 확립된 이론으로 Weber는 산업사회에서는 관료제가 발달하고 가장 보편적인 사회조직으로 등장할 수밖에 없다고 주장했다. 왜냐하면 그것이 자유와 권력을 합리적이고 합법적으로 사용하는데 가장 효율적인 조직이기 때문이다.

Weber(1947)는 조직체는 반드시 지위와 통제가 있기 마련인데 권위의 종류를 전통적(traditional) 권위, 카리스마적(charistimatic) 권위, 합법적(rational) 권위의 세 가지로 분류했다.

전통적 권위는 하급자가 상사의 명령을 전통적으로 그러했다는 논리에서 정당한 권위로 받아들이는 것이고, 카리스마적 권위는 상사의 비범한 특성과 자질에 기초하여 하급자가 상사의 명령을 정감적으로 수용하는 것이다. 합법적 권위는 개인이 지닌 법적 지위에서 행사하는 당연한 명령으로 인정된다는 권위이다. 산업사회에서는 전통적 권위와 카리스마적 권위가 더 이상 보편적으로 인정되기 어렵기 때문에 공식적인 조직에서 정당한 합법적인 권위의 행사와 지배가 구조화되어 있는 관료제가 이상적인 구조의 형태로 나타난다. 따라서 관료제는 합리적 또는 합법적인 지배가 제도화된 조직으로 간주된다. 오늘날 대부분의 사회조직은 Weber가 주장한 바와 같이 다음과 같이 관료제의 주요 특성을 가지고 있다(황성철 외, 2005).

첫째, 권위의 위계구조이다. 관료제는 일련의 권리와 책임을 수반하는 권위의 위계가 있기에 상급직위에 있는 사람은 합법적으로 하급직위에 있는 사람을 통제한다.

둘째 규칙과 규정이다. 모든 관료제는 의도적으로 마련된 일관성 있는 규칙에 의해서 직무의 배분과 인력의 배치가 이루어진다. 이러한 규칙과 규정은 조직활동에 통일성과 안정성을 보장해 준다.

셋째, 사적 감정의 배제이다. 관료조직의 운영에 있어서 개인적인 생각이나 감정이 무시되고 공식적인 원칙과 절차가 중요시 된다. 조직의 생산성은 조직구성원의 개인적 감정이 배제되고 합리성에 기초한 의사결정에 따라 집행되었을 때 확보될 수 있는 것이다.

넷째, 분업과 전문화이다. 조직에서 수행되는 모든 과업은 각 구성원에게 분담된다. 특정한 과정을 분업함으로써 전문화를 추구할 수 있다.

다섯째, 경력지향성이다. 관료조직구성원은 전문적인 능력과 기술을 중요시하기 때문에 그들은 자신의 직업을 경력으로 생각한다. 따라서 승진은 일정한 규칙하에 연공서열과 실적에 따라 이루어진다.

여섯째, 능률성의 강조이다. Weber가 이념형인 순수한 관료제는 조직에서 최대의 능률을 올릴 수 있다고 말했듯이 관료제는 합리적인 의사결정과 행정능률을 극대화하고자 한다.

Weber는 관료제이론은 이념형(ideal type)이라 했는데 이러한 특성을 갖는 관료조직이 현실사회에서 존재할 수 있고 그렇지 않을 수도 있다는 의미이다. 그러나 그의 관료제이론은 현대사회의 거의 모든 조직이 관료제의 특성을 완벽하게 갖추었다고 보기는 어렵지만 대체로 관료제의 특성을 거의 내포하고 있기에 현실타당성을 확보하고 있다. 현대사회의 거의 모든 조직이 관료제의 특성을 갖고 있다면 관료제는 어떤 기능을 수행하는가에 관한 논의에 초점이 될 수 있다. 따라서 보다 자세히 관료제의 순기능과 역기능에 대해서 이해할 필요가 있을 것이다.

Hoy와 Misker(1987)은 관료제의 특성에 따라 관료제의 순기능과 역기능을 다음과 같이 정리했다.

Weber의 관료제 특성에 따른 순기능과 역기능

관료제의 특성	순기능	역기능
권위의 위계구조	엄격한 지시이행과 조정	의사소통의 저해
규칙과 규정	지속성과 통일성	경직성과 목표전치
사적 감정 배제	합리성 확보	직원의 사기저하
분업	전문성 강화	직무에 대한 권태
경력지향성	유인체계	연공과 업적 간의 갈등

관료제는 조직의 효율성 증진에 순기능, 즉 긍정적으로 작용하기도 하지만 오히려 부정적인 결과, 즉 역기능을 할 가능성도 존재한다는 것이 그들의 관료제이론에 대한 비판의 주요골자이다. 따라서 권위의 위계질서는 엄격한 지시이행과 조정이 가능하지만 하위직원의 의사소통을 저해하는 역기능이 나타날 수도 있다. 또한 규칙과 규정은 업무의 지속성과 통일성을 확보해 주는 반면 조직의 규칙이 너무 엄격하면 업무수행이 경직되고 목표전치현상이 발생할 수 있다는 것이다.

목표전치(goal-displacement)는 조직의 규칙과 규정이 전체 목표 달성을 위한 수단으로 간주되지 않고 규칙과 규정 그 자체가 목적이 되거나 원래 목적이 다른 목적으로 변질되거나 대체되는 현상을 말하는데 이것은 관료제하에서 직원이 규정에 너무 지나치게 얽매이다 보면 적절한 적응능력을 상실하여 원래의 목적달성은 어려워지고 조직이 다른 방향으로 나아갈 수 있다는 관료제의 대표적인 역기능이며 폐단현상이다. Merton(1957)은 관료제 병리현상으로 목표전치 이외에도 비인간화, 할거주의, 형식주의, 무사안일주의, 번문욕례(red-tape) 등의 폐단이 발생할 가능성이 있다고 지적했다(황성철 외, 2005).

한편 Gilbert Smith(1970)에 의하면 사회사업가들은 주로 두 가지 측면에서 관료제에 관심을 두어 왔다.

첫째, 조직의 관료제와 전문직 사이의 갈등이다. 조직의 관료제와 전문직은 모든 면에서 상반되는 것은 아니다. 양자는 몇 가지 면에서 공통적인 요소를 띠고 있다(Blau & Scott, 1963). 그러나 이 두 모델 사이의 근본적인 차이는 관료제와 전문직의 통제에 있어서 위계(hierachy) 간의 차이에 있다. 전문직의 위계는 오직 자문적 관계로서 이루어지고 있으며, 규율의 기본적인 원천은 전문직의 훈련과 동료집단의 규범에서 도출된 스스로 부과된 기준에 입각해 왔다. 그러나 관료제의 위계는 매우 엄격한 통제체계를 이루고 있다. 관료는 자기의 의무를 규정하는 규칙과 규율에 의해서 지배되는 것이다. 따라서 그에게는 자유재량권이 거의없고 상관의 규칙해석에 따라야 한다.

사회사업 조직에는 전문직 조직과 관료제 조직 사이의 갈등이 두 가지 영역에서 일어나고 있다. ①병원이나 대학과 같은 기관의 사회사업부서는 행정과 전문적 실천이라는 일의 분담에서 별개의 구조를 갖고 있다. 관료는 전문가를 규칙을 잘 지키지 않는 것으로 보는 반면, 전문가는 관료적 형식구조를 그의 전문직의 기술을 제한하는 것으로 본다. ② 전문가 집단내에서도 관료제적 기준과 전문직의 기준 사이에 갈등이 존재한다.

둘째, 관료제가 조직 구성원의 퍼스낼리티에 미치는 영향에 대한 관심이다. Merton에 의하면 관료제의 성원들은 관료제 조직에 적합한 퍼스낼리티 특성을 지닌다. Thompson(1961)은 이러한 개인의 행동양식을 언급하고 있는 바, 관료제 조직의 특징적 성격을 관료병리(bureau pathology)란 말로서 과장하고 있다. 즉 "관료적 병리는 ① 규칙에 대한 의존을 과장하는 행동 ② 관계에 있어 비인격성을 과장하는 행동 ③ 업무에서 사소한 권리나 특권을 주장하는 행동 ④ 변화에 반대하는 행동 등이다." 물론 관료병리는 전형적인 행동을 나타낼 수 있다. Thompson은 "관료병리란 조직내에서 부하직원들을 잘 통솔하지 못하는 사람들이 갖는 불안정에 대한 반응"이라고 주장한다. 그것은 어떤 하나의 퍼스낼리티에 한정되어 잇지 않다는 것을 찾아볼 수 있으며, 이러한 조직의 여건들은 사회사업의 많은 영역에서 나타나고 있는 것이다(장인협 외, 2006).

2. 과학적 관리론

과학적 관리론의 창시자인 테일러는 작업의 효과성과 효율성을 향상시키기 위하여 노동의 분업, 작업형태 및 시간의 효율적인 사용을 강조하였다. 또한 작업을 분담하여 각자가 수행할 수 있는 최소한의 기능을 갖도록 하는 것을 의미하는 기능적 관리를 주장하였는데, 이것은 목표의 외적 근원, 사건의 통일성, 구조적 형태와 불변, 권위와 책임의 정확한 할당을 가정하고 있다(Taylor, 1923).

따라서 과학적 관리론은 조직에서 사람들의 육체적 능력의 중요성을 강조하고 있으며 개인들의 과업을 수행하는데 필요한 시간 및 동작에 초점을 두고 있다. 조직에서 개인의 기여를 극대화하기 위하여 개개인의 기본동작에 관하여 그 형태 및 소요시간을 표준화하고 적정한 일일의 작업량, 즉 분업을 확립한 다음 과업의 성과와 임금을 관련시키는 것이다. 그 과업을 달성한 자와 그렇지 못한 자에게는 보수를 차등 지급한다(장동일, 2004).

Taylor가 20세기 초 미국에서 과학적 관리론을 주장한 같은 시기에 Henri Fayol은 프랑스에서 생산성 향상을 위한 과학적 관리의 원칙을 주장하였다. 그의 철학과 이론은 1916년에 발간된 General and Industrial Management에 제시되었으며, 여기에서 그는 관리의 원칙을 주장하였는데, 즉 작업의 분배, 권위, 기강, 명령의 통일성, 지시의 통일성, 개인적 이익을 일반 이익에 종속시킴, 보상, 중앙집중화, 위계계통,

질서, 공평성, 인사의 안정성, 창의성, 단체정신 등이다.

또한 Frank Gilbreth도 20세기 초기에 과학적 관리의 향상에 중요한 기여를 하였다. 그는 근로자들의 다양한 성격과 동작을 확인하는 동작 연구를 통하여 가장 효과적인 생산형태를 발견하고자 노력하였으며, 생산성 향상을 위한 일련의 법칙들을 개발하였다.

이와같이 과학적 관리론은 생산성과 관리의 향상에 지대한 기여를 한 반면, 인간서비스 조직에 대한 과학적 관리론의 적절성을 평가함에 있어서는 다음과 같은 한계를 인식할 필요가 있다고 Hasenfeld가 지적하고 있다(Hasenfeld, 1983).

첫째, 과학적 관리론은 조직의 폐쇄체계를 다룬다. 즉 과학적 관리론은 조직의 많은 외적 영향 그리고 조직이 다른 조직 및 몇 사람들과의 관계의 필요성을 무시한다.

둘째, 과학적 관리론은 시간이 흘러도 변하지 않고 중요성에 따라 우선순위를 정할 수 있는 일련의 뚜렷한 목적을 조직이 갖고 있다고 가정한다. 따라서 이 이론은 상충되고 모호한 목표를 받아들이거나 다룰 수 없다.

셋째, 이 이론은 행정간부에만 조직목표 설정의 책임을 부여하기 때문에 엘리트주의적이라고 할 수 있다.

넷째, 과학적 관리론은 조직 구성원들 사이의 권력배분에 영향을 미치는 내적, 외적, 정치적 과정을 무시한다.

다섯째, 이 이론은 구성원들이 금전 이외에는 아무런 동기나 관심을 갖지 않는 존재라고 가정함으로써 인간에 대한 기계적인 견해를 갖게 한다(장인협 외, 2006).

3. 인간관계론

인간관계론은 Mayo를 중심으로 행하여진 Hawthorner공장의 실험을 계기로 전개되었다. 이 이론은 조직에서의 인간적 요소의 중요성을 강조하고 있다. 이 이론은 개인의 욕구를 충족시키기 위하여 조직에서의 비계획적, 비합리적 요소에 강조를 두고 있다. 그러나 인간관계론은 만약 개인의 욕구가 충족된다면 조직에서의 개인은 조직의 목표를 위해 일할 것이라는 것이 기본 가정이다. 개인의 욕구에 관심을 보여준다면 조직의 목표와 개인의 목표는 일치할 수 있는 것이다(Neugeboren, 1984).

Moyo를 중심으로 행하여진 미국의 시카고 근처에 있는 Western Electric 회사의 Hawthorne공장에서의 실험에서 밝혀진 결론은 다음과 같다.

첫째, 근로자의 작업능률은 물리적 환경조건에 의해 좌우되는 것이 아니라 집단 내의 동료 또는 윗사람과의 인간관계에 의해 크게 좌우된다.

둘째, 조직에는 비공식 집단이 별도로 존재하는데 이 비공식 집단은 개인의 태도와 생산성에 강력한 영향을 미친다.

셋째, 근로자는 개인으로서가 아니라 집단의 일원으로서 행동하며, 집단 내의 인간관계는 일련의 비합리적, 정서적 요소에 따라 이루어진다.

넷째, 근로자는 경제적인 욕구나 동기에 입각한 합리적 행동보다도 비경제적 요인인 사회적, 심리적 욕구나 동기에 입각한 행동을 중시한다는 것이다(신두범, 1980).

인간관계론은 조직의 인간적인 측면을 중요하게 부각시켰다는 점은 큰 공헌이지만 인간관에 있어서 인간의 비합리적이고, 정서적인 측면만을 강조하는 편협적인 인간관을 견지하고 있다는 점은 비판의 대상이 된다. 실제의 인간은 합리적인 면과 비합리적인 면의 두 가지를 동시에 복합적으로 가지고 있는 것으로 보는 것이 현실적일 것이다(안해균, 1982).

또한 인간관계론은 사회심리적 요인 이외의 다른 요인을 고려하지 못하고 있다는 것도 비판의 대상이 되고 있다. 조직에서 훨씬 더 중요할지도 모르는 다른 요인들이란 환경적 요구, 자원, 조직의 목표, 조직의 크기, 클라이언트의 욕구 및 속성, 서비스 기술, 직원능력, 임금과 봉급 등이다(Strauss, 1986).

사회복지조직에서 인간관계 기법의 적용은 일선 직원들을 단순히 조작하는 결과를 가져올 우려가 있다. 인간관계 모형은 조직 의사결정에 대한 일선 직원들의 참여기회를 강조하나 실제로는 상대적으로 중요하지 않은 의사결정에 참여시킴으로써 인간관계 기법의 적용이 형식적이고 상징적인 데도 불구하고 그들로 하여금 자신들이 조직의 관리에 중요한 몫을 하고 있다고 믿도록 인도될는지도 모른다. 더욱이 조직의 서비스 형태를 정당화하는 방향으로 직원들을 사회화하고 교화시키기 위해 집단과정(group process)이 이용될 수도 있을 것이다(Hasenfeld, 1983).

4. 의사결정이론

의사결정이론의 초점은 조직 속에서 상이한 지위를 점하고 있는 개인들의 의사결정이다. 하센펠드에 의하면 인간의 합리성은 제한되고 한계가 있는데, 그 이유는 인간에게 모든 가능한 대안적 선택, 선택에 따르는 결과, 그리고 각 예상된 결과의 미래가치에 대한 완전한 지식이 결여되어 있기 때문이다. 결과적으로 의사결정자들은 과거의 경험, 현존하는 자극의 선택적 인식, 관습적 대안들을 토대로 단순한 현실모델을 선택함으로써 만족할 만한 해결책을 모색한다. 의사결정이 조직의 맥락하에서 이루어질 경우, 그 의사결정의 결정변수를 규정하는 주체는 조직이 된다고 했다. 즉, 그들은 '제한된 합리성'을 개념화함에 있어 인간의 합리적 행동의 한계를 지적하고, 문제해결과 목표달성을 극대화하기보다는 만족시키는데 그쳐야 한다고 주장하고 있다(성규탁, 1985).

의사결정이론에 대한 비판점으로는 이 이론은 사회심리학적 이론으로 조직적 맥락을 기존 사실로 간주하고 조직구조의 결정요인, 표준시행절차, 의사소통의 형태 등에 대한 설명을 하지 못한다는 것이다. 이 이론은 다양한 형태의 조직을 생성시키는 요인들에 대해서는 전혀 언급하지 않고 있다. 또한 조직의 환경을 변치않는 것으로 보고 조직의 구조와 과정에 미치는 환경조건의 영향을 고려하지 않는다. 측면에서 폐쇄체계 모델이다. 결론적으로 조직 내에서의 권력과 자원에 대한 상이한 권한과 분배, 그리고 조직 내 부서간에 이권을 둘러싸고 일어나는 갈등에 관한 중요한 문제들이 무시되고 있다는 비판을 받고 있다(성규탁 역, 1985).

5. 체계이론

조직을 폐쇄적인 것이 아니라 개방된 체계로서 인식하기 시작한 것은 사회학의 구조기능주의와 일반 체계 이론이 조기에 적용되기 시작하면서 부터이다. 과학적 관리론은 조직을 하나의 기계로 인식하고 인간관계론은 가족으로서 인식하는 반면, 체계이론에서는 조직은 하나의 유기체로 인식한다. 특히 이 관점은 Tompson에 따르면, 세 가지 주제를 제기한다. 즉, 조직 내 개체간의 상호의존성, 조직의 욕구, 그리고 조직환경의 개념이다(김형식 외, 2001).

체계이론의 핵심적 내용은 조직을 형성하고 있는 다양한 구성체와 단위 간의 상호의존성이다. 이러한 관점이 사회복지사들에게 시사하는 것은 그들의 행동, 결정 등이 불가피하게 다른 조직 성원들의 행동, 전체 조직과 연관됨을 의미한다. 조직성원들은 결코 독립적·독자적인 성원일 수가 없다. 무엇보다도 사회복지사가 변화지향적인 반면에 조직이 현상유지 지향적인 유기체로 묘사될 때 그 갈등이 고조되게 되는데, 체계론적 조직이론은 조직과 사회복지사는 공생적인 관계이며, 그들의 연대 그 자체가 조직에는 물론 쌍방에게 유리하다는 것을 제기한다.

체계이론에 있어서 또 하나의 중요한 점은 조직은 조직 나름대로의 욕구를 가진다는 점이다. 조직은 표방하는 목표 달성을 할 수 있는 합리적인 기제가 아니라 유기체와 마찬가지로 생존해야 하고 환경에 적응해야 하며, 성장해야 할 욕구를 가지고 있다. 이러한 조직의 욕구에는 조직의 기능을 수행하고 지역사회의 기제에 부응하기 위한 자원(시설, 기금, 이용자)과 같은 외적 욕구와 조직을 구성하는 요소와 단위들 간의 통합, 조직 성원들의 충성과 헌신, 자원을 동원하고 개발할 수 있는 기술적, 정치적 능력과 같은 내적 욕구가 있다.

조직의 욕구를 이해하는 것은 사회복지사에게 있어서 조직 내에서 자신들의 영향력을 행사할 수 있는 여지가 있음을 보여준다. 즉 영향력을 행사하기를 희망한다면, 조직의 욕구를 파악하여 그 욕구를 충족시키는 역할을 하나의 전략으로 활용할 수 있는 여지를 부연한다. 전략적 역할로서는 프로포절의 작성, 평가사업, 홍보, 기금모금을 들 수 있다.

세 번째는 조직환경의 중요성이다. 체계이론에서 조직은 그들이 속한 환경 속에서 다양한 형태의 자원을 확보하고 표면적 또는 내면적 절차에 따라 자원을 여러 형태의 서비스로 전환시키는 등 조직과 교환관계를 형성하고 있는 것으로 묘사된다.

체계이론에 기초한다면, 사회복지조직은 크게 다섯가지의 하위체계로 구성된다(Neugeboren, 1985). 첫 번째는 생산하위체계로서, 사회복지조직에서 이 체계는 클라이언트에게 서비스를 제공하는 것이다. 이 체계는 모든 사회복지조직의 기본적인 역할과도 일맥상통하는 것이다. 두 번째는 유지하위체계이다. 이것은 조직의 계속성을 확보하고, 조직을 안정상태로 유지하는 것이다. 이를 위해서는 조직활동을 공식화시키는 것, 보상체계를 확립하는 것, 새로운 구성원을 선발하고 교육, 훈련시키는 것들이 필요하다. 세 번째는 경계하위체계이다. 사회복지조직의 외부환경에 대한 의존도를 고려한다면, 경계하위체계는 사회복지조직의 생존과 발전을 위해 필요한 체계가 된다. 특히 외부환경의 변화에 대한 적절한 반응과 대응은 조직의 목표달성과 조직의 유지를 위해 필요하다. 네 번째는 적응 하위체계이다. 이 하위체계의 핵심은 변화하는 환경의 욕구에 반응하여 조직을 변화시킬 필요성을 인식하고 실제 조직변화를 위한 최적의 대안을 찾기 위해 연구하고 평가해 나가는 것이다. 이러한 측면에서 본다면 사회복지조직에 대한 내·외부 평가는 조직의 적응능력을 강화시키는 역할을 수행한다고 볼 수 있다. 마지막으로는 관리하위체계이다. 이 하위체계는 지금까지 제시한 네

가지 하위체계를 조정하고 통합하는 체계이다. 따라서 조직 구성원간 혹은 부서간 갈등해결과 조정, 적절한 업무환경의 제공, 외부환경의 영향에 대한 조직의 대응책을 모색하기 위해 노력하는 것 등은 이 하위체계에서 중요하다.

제5장 리더쉽

제1절 개 념

리더십은 집단 목표를 효율적으로 달성하기 위하여 리더가 개인 또는 집단의 활동에 의도적으로 영향력을 행사하는 과정이다. 리더쉽이 사회복지행정 조직에 미치는 영향을 살펴보기 위해서는 우선 리더쉽과 행적조직 문화에 대한 명확한 이해가 필요하다. 리더쉽은 관점과 분석 방법에 따라 매우 다양하게 정의되고 있는데 리더쉽에 대한 몇 가지 대표적인 정의를 제시하여 본다.

첫째, 리더쉽은 모든 사람들이 집단 목표를 위해 자진해서 노력하도록 사람들에게 영향을 주는 활동이다.

둘째, 리더쉽은 주어진 상황에서 구체화된 목표를 달성하려는 노력으로써 효과적인 상호관계성을 활용하여 이루어지는 대인관계적인 활동이다.

셋째, 리더쉽은 상호간의 상호작용으로 이루어지는 것으로서 한 사람이 상대방에게 적절한 정보를 제공함으로써 상대방이 이를 받아서 행동하여 원하는 방향이나 목표를 달성할 수 있게 하는 원동력이다.

넷째, 리더쉽은 사람들로 하여금 집단목표를 위하여 자발적으로 노력하도록 사람들에게 영향을 미치는 기술 또는 과정이다. 이와같이 리더쉽이란 조직원들을 행동하게 하고, 다른 사람들을 하나의 공동 목표를 향해 움직이게 하는 능력이라고 할 수 있다.

리더쉽과 사회복지행정 조직의 관계는 조직문화 형성에 중요한 역할을 한다. 조직이 처한 문제에 대해 리더가 제시하는 방법이 실제로 효력을 발휘하여 바람직한 방법으로 입증되면 조직 구성원들은 그것을 효과적으로 받아들이고 시간이 경과함에 따라 당연시 하게 되어 사회복지행정 조직문화로 발전하게 되는 것이다. 리더가 제시하는 방법들은 그 조직 내에서 받아들여질 수도 있고 그렇지 않을 수도 있다. 하지만 그 방법을 옳은 방법으로 여기고 같은 상황하에서 그 방법을 사용하려고 할 것이다. 그렇게 되면 자연스럽게 되풀이되고 그 과정이 연속적으로 이루어질수록 그 방법은 하나의 고정된 방법론으로 받아들여진다. 그리고 정착된 조직 내의 문화로 자리를 잡게 되는 것이다(2008, 김경우).

1. 리더쉽의 정의

리더쉽(leadership)이란 어느 집단이나 조직에서 리더가 갖는 성향, 행동, 상황 등과 관련되는 제반 특성들을 묶어서 일컫는 일반적인 개념이다. 따라서 리더쉽의 정의를 한마디로 규정하는 것은 쉬운것이 아니며, 현재에도 수 많은 정의들이 존재하고 있다. 크게 나누어 보면 지위와 능력, 과정과 속성의 측면으로 나눌 수 있다.

1) 지위와 능력의 리더쉽

리더쉽은 지위와 능력으로 규정될 수 있다. 첫째, 지위(position)로서의 리더쉽은 한 사람이 특정한 상황에 대한 통제의 책임을 갖고서 지휘 또는 지도적 지위에 있는 것을 의미한다. 따라서 리더는 하나의 조직과 기관 혹은 활동의 지도자가 되는 것을 의미한다. 둘째, 능력(ability)으로서의 리더쉽은 다른 사람들과의 관계에서 역량이나 기술을 의미하는 것으로 리더가 취하는 방향으로 사람들을 따라오게 하는 것을 의미한다. 따라서 리더쉽은 다른 사람으로부터의 바람직한 변화나 행위를 수반하게 하는 능력을 포함한다.

2) 과정과 속성의 리더쉽

리더쉽은 과정과 속성을 통하여 규정될 수 있다. 과정(process)으로서의 리더쉽은 비강압적인 영향력을 활용하여 집단구성원들의 목적 성취를 위한 활동을 하도록 지도하고 조정하는 것이다. 속성(property)으로서의 리더쉽은 그러한 영향력을 성공적으로 사용하는 것으로 사람들에게 귀속되어 있는 일련의 특성을 말한다.

2. 리더십의 기능

1) **조직설계의 불 완전성** : 모든 조직구성원들은 활동을 고려할 수 있는 완벽한 조직을 설계하는 것은 불완전하므로 조직 구성원들의 바람직한 행위를 형성하고 이

를 과업 지향적으로 통합할 수 있는 기능이 필요하다

2) **환경의 변화** : 리더십은 조직으로 하여금 변화하는 환경조건에 신속히 적응하게 함으로써 급변하는 환경 속에서 조직의 안정성을 유지하는데 도움을 준다.

3) **조직의 내부 역할** : 리더십은 갈등하는 조직단위들 사이에서 완충작용을 할 수 있다. 특히 리더십은 조직이 성장하거나 변화하는 시기에 다양한 조직단위를 내부적으로 통합하는데 도움을 준다.

4) **조직 구성원들의 특성** : 조직은 다양한 목표를 추구하며 조직 구성원들은 조직 내에서 다양한 욕구의 충족을 기대한다.

3. 리더십의 수준

1) 최고관리 층의 리더십

사회복지조직을 이끌어 나갈 전반적인 책임을 지고 있는 사람들을 말한다. 정책을 해석하고 정책을 조직의 목표에 맞게 전환하며 필요한 재정적·정치적 지지를 획득하는 책임을 지고 있다. 이들의 두 가지 주요 과업은 내부 운영을 지시하고 조정하는 것과 환경과의 관계를 확립하는 것이다.

2) 중간관리 층의 리더십

조직의 주요한 프로그램 부서를 책임지고 있는 사람들로서 최고관리 층으로부터 내려오는 지시를 구체적인 프로그램 목표로 전환하고 이와 같은 목표를 달성하기 위해 여러 프로그램 전략 중에서 어느 것을 선택하고 그에 따르는 직원과 물자를 확보하고 내부 운영 절차를 개발하며 프로그램 활동을 감독, 조정, 평가하는 일을 한다. 이들의 두 가지 종류의 기술은 수직적, 수평적 연결 쇠로서의 기술과 개개 직원들의 욕구를 조직의 목표에 통합시키는 인간관계 기술이 필수적이다.

3) 하위관리 층의 리더십

일선 직원들(사회복지사)과 매일 매일 정상적으로 접촉하고 있는 슈퍼바이저들을 말한다. 프로그램 수행을 감독하고 일선 직원들에게 업무를 위임 또는 분담시키고 서비스가 제대로 제공되고 있는가를 검토한다. 이들의 두 가지 종류의 기술로는 행정적, 교육적, 지시적인 전문기술과 공평에 대한 관심이 필요하다.

제2절 리더십이론

리더십에 관한 이론은 보편적 리더십 특성이론, 상황 적합적 리더십 특성이론, 보편적 리더십 행위이론 그리고 상황 적합적 리더십 행위이론으로 나누어 볼 수 있다.

1. 행동이론

1940년대 후반에 나타나기 시작한 이론이다. 경험적 검증이 힘든 성향의 이론에서 탈피하려는 이론으로서 리더쉽을 관찰가능한 과정 또는 활동으로 보려는 접근방식이다. 행동이론의 목적은 어떠한 행동들이 효과적인 리더쉽과 연관되어 있는지를 결정하려는 것이다. 효과적인 리더들의 행동은 효과적이지 않은 리더들과 다른 무엇이 있을 것이라는 믿음을 가지고 있다. 따라서 비슷한 유형의 행동들을 몇개의 범주로 묶어 리더쉽의 유형으로 개념화하고, 어떠한 유형의 리더쉽이 보다 더 효과적인지 찾아보려는 이론이다.

2. 개연성 이론

한 리더의 효과성은 상황에 의존하는 것이다라는 이론으로 피들러(F.Fiedler)가 대표적이다. 이론에서는 결과가 동일한 리더가 어떠한 조직이나 상황에서는 효과적일 수 있고, 다른 상황에서는 효과적이지 못할 수 있다고 본다. 그 이유가 무엇인지 그리고 효과적인 리더쉽 수행을 초래할 수 있는 리더 상황간의 적합성은 무엇인지 등을 확인해 내려고 한다. 개별 이론들에 따라 상황이 달리 규정 규정되는데, 피들러는 리더와 하급자의 관계[1] , 압무의 구조[2], 직위에 수반되는 파워[3]를 포함하는 것이라고 보고 있다.

이외에도 다양한 유형의 리더쉽 이론들이 있다. 리더쉽의 파워는 상징적인 본질에 있다고 보는 상징행위 리더쉽(leadership as symbolic action)이론, 리더가 안정에 초점을 두는지 또는 변화지향적인지에 의해 리더쉽 스타일을 구분하는 거래적-변화적

1) 리더의 매력, 하급자의 충성심
2) 일상적 혹은 불규칙적
3) 상벌, 공식적 권한, 상급자로부터의 지지

리더쉽(transactional leadership)이론, 리더와 하급자간의 개인적 관계의 중요성을 강조하는 수직적-양자적 연계모델(vertical-dyad linkage model)등 다양한 이론들이 존재하고 있다.

3. 성향이론

초기 리더쉽 이론은 20세기 전반기에 확산했던 이론이다. 이 시기에는 리더들이 갖추고 있는 독특한 퍼스낼리티의 성향이 리더쉽과 중요한 관련성이 있다고 믿었다. 이 이론에서는 리더쉽에 대한 성향을 확인하고, 측정하는 기법을 개발하고 또한 그러한 기법을 사용하여 리더들을 선별해 내려는 의도를 가지고 있었다. 이 이론에 근거하여 찾아낸 효과적인 리더쉽을 결정하는 요인들로 지능, 지배력, 자기확신, 정열, 활동, 업무관련, 지식 등을 제시하고 있다. 또한 심지어는 신장, 몸매, 관상, 손금 등의 특징도 리더쉽의 효과성과 관련이 있다고 보는 경우도 있다. 이 이론은 사후 가설 설정의 한계를 벗어나지 못한다는 단점이 있다.

4. 보편적 리더십 특성이론

효과적인 리더가 되게 하는 특성들을 찾아 낼 수 있다는 기대에서 비롯된 이론으로 리더의 특성에는 신체적 특성, 사회적 배경, 개인특성, 지능 과업관련특성 그리고 사회적 특성들이 포함된다.

5. 상황 적합적 리더십 특성이론

리더의 유효성은 리더가 가지고 있는 주요 특성과 이 리더가 처한 상황의 호의성 사이의 적합도 정도에 달려 있다.

6. 보편적 리더십 행위이론

리더의 특성보다는 관측할 수 있는 리더의 행위에 초점을 맞춘 리더십 연구이다.

- **오하이오 주립대학의 연구** - 두 가지의 리더행위가 대표적인데 구조주도행위는 부하의 역할과 책임을 명확히 정의하는 행위로 구체적인 명령이나 지시 하에 공

식적 관계나 과업을 중시하며 성공적인 목표의 달성을 집단을 조직화하려는 행동을 말한다. 또한 배려행위는 부하의 안정, 복지, 지위의 향상, 욕구 만족 등을 고려하는 행위를 의미한다.

- 관리격자모형은 과업에 관한 관심 및 인간에 대한 관심으로 분류 한다. 이때 횡축은 구조주도행위를 과업에 관한 관심으로, 종축은 배려행위를 인간에 대한 관심으로 각각 대치한다.

7. 상황 적합적 리더십 행위이론

상황 적합적 리더십 행위이론은 리더의 유효성을 리더의 행위와 리더가 처한 상황의 적합성 정도에 따라 결정된다는 이론이다.

- 경로-목표이론은 부하에게 그들이 수행하는 작업의 경로와 목표의 달성방안을 명확하게 제공하는 정도에 따라 리더의 유효성이 결정된다고 주장하는 이론이다.
- 규범적 리더십이론은 리더의 유효성은 리더가 처한 다양한 의사결정상황에 따라 적절한 의사결정 스타일을 선택하는 정도에 의해 결정된다는 이론이다.

8. 비영리조직의 리더십

비영리조직의 리더들에게 요구되는 관심사안과 담당해야 할 과업을 보면 다음과 같다.

1) 정치, 경제, 사회적 환경변화를 인식하면서 조직의 비전을 확인하고 사명과 목표를 보다 구체화하고, 이러한 바탕 위에 올바른 서비스 수혜대상 선택 및 장기적 효과성 확보를 위한 조직의 포지셔닝을 위한 전략개발을 한다.
2) 제한된 물적, 인적 자원 문제와 외부 환경변화에 대해 유연성과 혁신적 전략을 통한 신속한 적응과 조직 안정성 확보, 또한 장기적 측면에서 효과성 평가와 효율적 관리를 위한 지표개발을 한다.
3) 조직 사명의 효과적 수행을 위한 이사회 멤버의 구성, 효과적인 리더, 관리자와 전문적 스텝의 고용과 개발, 동기부여, 그리고 이를 통한 프로그램 질 향상 및 관리를 한다.
4) 조직의 건전한 재정 확보, 활동의 윤리성 확보, 활동에 대한 책임성을 확보한다.
5) 공공, 사적, 메스컴, 비영리 영역의 관계자들과 우호적 관계유지, 협력 및 연대 구축을 위한 노력과 홍보를 한다.

6) 서비스 수혜자, 공공 및 사적 영역의 파트너, 기부자, 자원봉사자들의 상충되는 이해와 요구를 조정하고, 서비스의 효율적 제공을 위한 적절한 자원배분을 한다.

리더쉽에 대한 정의가 다양한 만큼 리더쉽의 이론들도 다양하다. 리더쉽의 고전적인 이론들은 크게 세가지로 나누어 볼 수 있다. 개별 성향에 초점을 둔 성향이론, 효과적인 행동에 초점을 둔 행동이론, 환경과의 개연성에 초점을 둔 개연성 이론 등이 있다.

9. 최근의 리더쉽 이론 연구

1980년대 이후 리더쉽 이론에 대한 연구에 점진적인 변화가 이루어져 오고 있다.

첫째, 기존의 성향이론, 행동이론 개연성이론을 총체적으로 바라보면서 리더가 가지고 있는 특성의 의미를 재해석하고 리더의 행동, 상황 등과 통합하려는 움직임들이 나타나고 있다.

둘째, 새로운 리더쉽 이론이 등장하고 있다. 예를들면, 카리스마 리더쉽[4], 변혁적 리더쉽[5], 이론들이 새거래적 리더쉽[6] 등의 새로운 이론들이 정의되고 정착되어지고 있다.

셋째, 리더쉽의 발휘가 리더 중심의 관점에서 벗어나 조직구성원 개개인에까지 확대되면서 셀프리더쉽, 임파워먼트 리더쉽 등의 이론 등이 등장하고 있다.

제3절 리더쉽과 의사결정

리더쉽과 의사결정은 상호 밀접한 관련성을 가지고 있다. 리더쉽은 타인들과의 관계에 여양을 미칠 수 있는 능력으로 조직의 목적에 기여할 수 있는 바람직한 변화나 행동을 유도해 내기 위한 것이다. 따라서 의사결정 스타일은 리더쉽의 핵심적 요소로, 조직

4) 자신감, 비범한 행동, 비전에 대한 확고한 신념, 변화 추진자, 환경에 대한 민감함 등으로 부하들을 탁월하게 리더하는 리더쉽
5) 카리스마, 고무, 지적자극, 개인적 고려를 중시하는 리더쉽
6) 실용주의적 가치관를 기반으로 상황적 보상, 예의를 통한 경영, 자유방임의 리더쉽

에서의 의사결정이 어떻게 이루어지는지를 나타내는 것이다. 따라서 리더쉽의 유형은 조직의 구조에 내포되어 있는 의사결정 방식에 의해 대표되어진다고 볼 수 있다.

1. 리더쉽 스타일

리더쉽과 관련된 경영 및 관리 활동은 하급자들을 의사결정 과정에 어떻게 참여시키는가에 관한 것으로 말할 수 있다. 리더쉽 스타일은 분절적인 것이 아니라 지시적-위임적의 양극단 사이의 연속선상에 위치하는 것으로 나타난다. 상급자 중심의 리더쉽과 하급자 중심의 리더쉽 간에는 다양한 역할과 관계의 유형들이 존재한다.

첫째, 지시적 리더쉽은 상급자 중심으로 의사결정이 이루어지고, 그것을 하급자들에게 명령하는 방식의 유형이다.

둘째, 위임적 리더쉽은 하급자 중심으로 의사결정이 이루어지고, 상급자가 권한과 책임을 전적으로 하급자에게 위임하는 것이다.

셋째, 참여적 리더쉽은 지시적과 위임적 리더쉽의 중간 정도에 위치하는 것으로 볼 수 있다.

2. 참여적 리더쉽

사회복지행정에서 참여적 경영과 민주적 의사결정 스타일이 오랫동안 중요시하게 다루어 지고 있다. 주로 인간관계학파(human relations)의 이념과 이를 바탕으로 한 연구결과에서 효과적인 조직 구조와 운영을 위해서는 조직구성원들을 조직의 과정 속에 보다 적극적으로 참여시켜야 한다고 제시한다. 이러한 인간관계학파의 논리는 관료제적이고 기계적인 조직 구성에 대립 된다고 볼 수 있다. 참여적 리더쉽은 조직구성원들을 의사결정 과정에 참여시킴으로써 업무에 대한 적극적인 동기를 부여할 수 있게 하고, 이러한 과정을 통하여 개별 업무 수행자들은 조직의 목표를 스스로에게 내재화하는 경향이 나타나 업무수행 능력이 높아지게 된다고 본다. 이러한 인간관계론적 논리에 바탕을 둔 참여적 리더쉽은 민주적 의사결정 구조들을 사회복지의 가치들과 유사하다는 이유로 사회복지조직들에서 자연스럽게 받아들여지고 있는 것이다.

참여적 리더쉽은 위임적 스타일과는 달리 상급관리자의 권한과 책임을 포기하는 것이 아니고, 경우에 따라서는 하급자들의 결정을 무효화하거나 수정할 수 있는 궁극적인 권한은 상급관리자에게 귀속되어진다. 또한 의사결정에 있어서 의사결정의 종류,

직원의 업무능력, 외부 환경 및 정치적 상황에 따라서 위임에 대한 허용 여부가 다양화 될 수 있다. 참여적 리더쉽의 장·단점을 〈표7-1〉와 같이 설명할 수 있다.

〈표 7-1〉 참여적 리더쉽의 장·단점

장점	단점
1. 조직 목표에 대한 참여 동기의 증대함	1. 참여에 따르는 시간 소모로 긴급한 결정을 내리는 바쁜 지도자에게 어렵다.
2. 집단의 지식과 기술 활용이 용이함	2. 타협에 의한 어중간한 결정에 도달 맥빠진 결정을 초래함
3. 조직 활동에 헌신하게 함	3. 혁신적이고 선견지명을 가진 지도자를 갖기 어려움이 있음
4. 개인적 가치와 신념을 고취 함	4. 책임 분산으로 인하여 무기력하게 됨
5. 참여를 통하여 경영에 대한 사고와 기술 등을 익힘	5. 참여적 스타일을 배우기가 쉽지 않아 지도자의 자아충동적 특성과 배치됨
6. 자유로운 의사소통을 정리할 수 있음	6. 조직 구성원들의 자격이 서로 비슷한 상황에서만 제한적으로 효과성 발휘 됨

3. 리더쉽 기술

사회복지행정관리자들은 다양한 리더쉽 기술을 갖추어야 한다. 리더자로서의 행정관리자들은 현재 조직에서 요구되고 있는 것들을 다루면서 내일에 대한 비전 제시가 가능해애 한다. 이것은 곧 전술적 및 전략적관리에 대한 기술등을 모두 갖추어야 할 필요가 있다. 그렇지만 개인으로서의 한 관리자가 조직이 필요로 하는 모든 유형의 리더수비 기술들을 모두 갖출 수는 없으며, 반드시 그럴 필요도 없다.

사회복지행정관리자들은 조직의 변화와 환경에서 이루어지며, 조직도 인간처럼 다양한 단계의 삶의 주기를 갖는다. 따라서 관리자들은 각기 다른 형태의 기술들을 갖출 필요성이 있는 것이다. 유사한 업무를 수행하는 조직들이라도 서로 다른 환경을 가짐으로써 각기 다른 측면의 관리 기술들이 요구되어 진다. 다양한 개인들이 자신들의 사고, 훈련, 경험, 조직의 요구에 대한 주관적인 인식 등을 통하여 서로가 각기 다른 관리 접근을 시도하기도 한다.

리더가 갖추어야 할 기술에 대하여 카츠(R. Katz)는 전문적, 대인적 또는 인간관계적, 의사결정 또는 개념적 기술들로 대변된다고 한다. 이것을 보다 구체적으로 영역별로 나누어서 스타일이나 역할, 행동 등을 규정한 것이 앞서 경쟁적 가치 접근의 분석틀로 받아들이고 있다. 이러한 기술들은 개인의 성향에 따라서 조직이 처해있는 환경에 따라서 또는 조직의 삶의 주기와 개인이 처한 조직 위계의 수준에 따라서 요구되는 정도가 각각이 달라지게 되는 것이다.

4. 리더쉽의 평가와 선택

사회복지서비스 관리자들은 다양한 리더쉽의 전문적 지식과 기술, 능력들을 보유해야 한다. 또한 상황에 따라서는 적절한 균형적인 리더쉽 역할들을 선택하는 것이 중요하다. 조직 관리를 위한 리더쉽 스타일을 결정하는 데는 일방적으로 최상의 선택이 존재하고 있자는 않다. 조직의 삶이란 경쟁적 가치 환경에 둘러싸여 있기 때문에 행정조직관리자들의 의사결정은 상반되는 가치를 동시에 내포하고 있는 경우가 많다. 그러한 것은 일종의 옳고 그름에 대한 판단이라기 보다는 대체로 두 가지의 '가치' 또는 '선'간의 손익교환을 나타내는 것이다. 사회복지서비스 조직들에서는 업무수행에 있어서 상반된 측면들이 이율배반적 과정으로 내재되어 있는 경우가 많다. 이러한 경우에 관리자는 복수의 역할들에 대한 요구가 자신의 직무에 존재하고 있으며, 그것들이 또한 경쟁적인 가치를 형성하고 있다는 것을 인식하는 것만으로도 조직을 보다 효과적으로 이끌어 갈 수 있는 기반을 갖추는 것이다. 따라서 경쟁적 가치의 상황을 인식하는 관리자라면 독단적인 의사결정이나 리더쉽 스타일을 적용하지는 않을 것이다.

일반적으로 사회복지서비스 조직들에서는 참여적 리더쉽 스타일이 적절한 것으로 평가되고 있지만 기관의 의사결정에 조직 구성원들을 참여시키는 것은 직무만족도와 밀접하게 관련되어 진다. 새로운 사회복지사를 채용하거나 승진 심사, 새로운 프로그램 개발, 도입 등의 과정에 조직구성원들을 참여 시시키는 것은 이들의 직무만족도를 높이는 데 도움이 된다. 사회복지조직에서 업무 수행자들의 직무만족도는 서비스의 질에 막대한 영향을 미친다는 점에서 행정관리자들의 중요한 핵심의 문제가 된다. 그러나 참여적 리더쉽스타일이 업무수행력에 미치는 영향력에 대한 관계는 명확하게 나타나지는 않고 있다. 참여적 관리가 서비스의 질 향상과 같은 업무수행의 질에 미치는 영향은 긍정적인 반면, 참여적 관리가 생산성이나 효율성에 미치는 관계는 오히려 역상관계가 나타날 가능성이 있다는 연구가 발표되고 있다[7]. 생산성만을 고려한다면, 집권화된 의사결정 스타일이 오히려 생산성을 증가시키는 경향이 있는 것으로 나타난다는 것이다.

사회복지서비스의 효과성과 효율성의 문제는 일반적으로 상반되는 관계로 나타나고 있다. 효과성이란 서비스의 목적을 진정으로 달성했는지, 효율성이란 제한된 비용으로 얼마나 많은 서비스를 생산하였는지 이다. 효율성은 생산된 서비스들이 과연 얼마나 서비스의 목적에 기여했는지는 고려하지 않는다. 따라서 지시적 의사결정이 비록 우선은 생산성과 효율성을 가져다 줄지라도 사회복지사들의 불만과 클라이언트에 대한 서비스의 질 저하와 조직과 조직 구성원들의 발전을 저해하는 장기적인 부작용을 가져다 줄 수 있다. 즉, 서비스의 효과성에는 부정적인 영향을 미칠 수 있다는 것이다.

사회복지조직의 관리에서는 서비스의 질과 생산성이라는 두 가지 측면을 적절하게 통합시키는 리더쉽 스타일을 찾아내는 것이 중요하다고 볼 수 있다. 외부 환경에 의존적이기 쉬운 사회복지서비스 조직들에서는 리더쉽을 평가하는 기준이 생산성이나 효율성에 대한 강조로 초점이 맞추어질 수 있는 가능성이 있다. 그러한 기준들이 중요하지는 않다는 것은 아니지만, 그럼에도 그러한 것들이 서비스의 질이나 효과성을 능가하는 기준이 되어서는 안되는 것이다. 사회복지서비스의 궁극적인 목적은 효과성에 있기 때문이다. 사회복지조직과 프로그램을 관리하는 사회복지행정에서 전문적인 가치가 개입되는 리더쉽이 필요한 중요한 이유가 바로 여기에 있는 것이다.

7) Wilam Howell, Essentialls of Industrial and Organizational Psychology, Homewood, IL: Dorsy Press, 1976, pp.62-63

제6장 기획과 의사결정

제1절 기획이론

1. 기획의 개념

사회과학에서 용어의 개념에 대한 합의를 이룬다는 것은 실로 어려운 일이다. 학자들의 관점이나 가치관에 따라 다양하게 내려지는 정의는 보편화된 용어로 개념정의를 하기에는 무리가 있다.

사이몬(Simon)은 기획을 '장래를 위한 제안, 제안된 대안들에 대한 평가, 장래의 통제 등에 적용되는 합리적 적응적 사고'로 정의하고, 스미스(Smith)는 '사고하는 인간들이 그것을 통해서 목표를 설정하고, 그 목표를 달성하는 가장 단순하고 자연스러운 과정'으로 정의한다. 또한 Dror는 '보다 나은 수단으로 목표를 달성하기 위하여 장래의 행동에 관한 일단의 결정을 준비하는 과정'으로 정의 내리고 있다. 이상의 여러 학자들의 기획개념을 종합하여 통합적 정의를 내려 본다면, '기획이란 여러 가지 정보를 종합하여 목표의 달성을 위한 복수의 대안을 모색하고 그 중에서 최적의 대안을 선택하는 미래지향적이고 지속적이며 능동적인 의사결정과정'이다. 즉 최적의 수단으로 행정이 추구하는 목표를 달성할 수 있도록 장래에 취할 행동을 위한 일련의 결정을 준비하는 계획적 과정이다.

2. 기획의 본질

Dror에 의하면 기획의 본질적인 요소들은 다음과 같다.

1) 기획은 하나의 과정(process), 즉 계속적인 활동이다.

2) 기획은 준비(preparing)과정이다.

3) 기획은 일단의 복합적인 결정을 대상으로 한다.

4) 기획은 행동 지향적인 활동이다.
5) 기획은 미래지향적 활동이다.
6) 기획은 목표를 성취하기 위한 활동이다.
7) 기획은 효율적인 수단을 강구하는 과정이다.

3. 기획의 유형

1) 대상기간별 유형

(1) 단기계획(Short-term plan)

전형적인 단기계획은 기본운영계획이며, 특히 국가계획의 경우에 1년 이하의 계획은 거의 사용하지 않는다.

(2) 중기계획(Medium-term plan)

2년 내지 5년을 대상으로 하는 계획을 말하며, 5년 계획이 가장 일반화되어 있다.

(3) 장기계획(Long-term plan)

대체로 10년 내지 20년에 걸친 계획기간을 가지며 실제로는 계획
보다는 전망의 성격이 강하다.

2) 지역수준별 분류

(1) 지방계획

도시 또는 농촌의 지역사회 단위, 즉 시군 단위의 계획을 가리킨다.

(2) 지역계획

지역간의 균형적·중점적 발전을 위해 국토를 일정한 기준에 의해 수 개의 권역으로 나누어 개발권 또는 계획권을 설정하기도 한다.

(3) 국가계획

국가 전체를 지역적 대상으로 하는 계획으로서 가장 일반적이며 그만큼 중요한 의의를 갖는다.

(4) 국제계획

복수의 국가가 관련된 국제수준의 계획(공동개발)으로서 점차 많이 활용되고 있다. 또한 지역기구 혹은 국제기구가 중심이 되어 사회국가들의 협력과 공동의 번영을 위한 계획을 수립하는 경우이다.

3) 대상분야별 분류

(1) 경제계획

경제의 성장, 균형발전, 안정화 등을 위한 계획.

- 서구 선진국은 2차대전 직후의 생산증대, 자립경제 후 물가안정, 균형성장, 국제협력증대 등 경제계획 중심에서 최근에는 환경문제, 국민복지문제에 주력하는 경향이 있다.

(2) 사회계획

경제성장으로 인한 부작용으로 소득격차 및 지역간 격차의 심화, 사회계층간의 갈등, 환경오염, 비인간화, 가치관의 황폐화 등 바람직하지 못한 문제들을 해소하고 국민복지를 증진하기 위한 계획.

(3) 물적 계획

공간 및 자연의 개발과 공중편익의 증진을 위해 수립하는 대부분의 도시계획과 농촌개발계획, 지역계획들이 여기에 속한다.

(4) 방위계획

전시기획은 군사작전, 평화시에는 국방력을 증진시키기 위한 군사훈련과 경계, 무기체계의 연구개발 등이 있다.

제2절 의사결정

사회복지조직에서도 행정책임자는 매일 의사결정을 한다. 그의 의사결정은 서비스의 전달에 직접 및 간접으로 지대한 영향을 미친다.

1. 의사결정의 개념

의사결정이란 기본적으로 목표달성을 위하여 여러 가지의 대안들 가운데서 최적의 것을 선택하는 것이다.

2. 의사결정의 방법

의사결정의 방법에는 여러 가지가 있는데 Carlisle에 의하면 조직에서 의사결정을 하는 기본적인 방법은 다음과 같다.

1) 직관적 결정

합리성보다는 감정에 근거하여 결정하는 것으로 결정은 결정자가 옳거나 최선의 것이라고 느끼는 것, 또는 육감에 의하여 이루어지는 것이다.

2) 판단적 결정

개인의 지식과 경험에 따라 결정하는 것이다. 이러한 결정은 일상적이고 정해진 절차의 일을 하는 가운데 얻어진 경험과 지식에 근거하여 결정을 하는 것으로 대부분의 의사결정은 이렇게 이루어진다.

3) 문제해결적 결정

관련된 사항에 대한 정보수집, 연구, 분석과 같은 합리적이고 과학적인 절차를 밟아 이루어진다. 즉각적인 경우는 어렵고 좀더 시간이 있는 경우 해당된다.

3. 의사결정의 과정

의사결정의 과정은 제5장의 사회복지의 정책결정과정과 동일함으로 참조하도록 한다.

제3절 의사소통

1. 의사소통의 의의

둘 이상의 사람들 사이에 의견, 정보, 감정 등의 교환을 통하여 공통적 이해를 이룩하고 수신자 측의 의식, 태도, 행동 등에 변화를 일으키게 하는 일련의 행동을 의사소통이라 한다.

2. 의사소통의 구성요소

a. **전달자** : 의사소통은 전달자, 즉 사상이나 아이디어를 가지고 있는 전달자에 의하여 비롯되며, 그의 메시지는 수용자가 이해할 수 있도록 해독되어지게 된다. 기호화의 방법으로는 언어적 상징(구두, 문서), 비언어적 상징(교통신호, 사이렌, 컴퓨터 언어)이 있다.

b. **메시지의 전달** : 대면적 대화, 서신이나 메모, 컴퓨터, 전화 또는 TV. 등을 통하여 전달한다. 둘 이상도 가능하다.

c. **수용자** : 수용준비를 갖춘 다음 단계는 해독화 과정을 거쳐서 자기사상으로 전화되는 단계이다.

d. **의사소통의 효과로서의 변화** : 메시지 송신의 결과는 수신자의 지식, 태도 및 행동에 있어서의 변화를 동반한다. 의사소통의 목적은 변화를 가져오는데 있다.

e. **피드백** : 의사소통의 효과로서의 변화 : 메시지 송신의 결과로 수신자의 반응을 송신자에게 전달해 줌으로써 메시지의 수신 여부나 의도한 반응이 나타났는지를 확인하게 해 주는 기능이다. 피드백의 여부에 따라 일방적, 쌍방적 의사소통으로 구분한다.

f. **잡음** : 의도한 메시지를 왜곡시키는 일체 요인을 일컫는다.

3. 조직내 의사소통

조직내 의사소통은 공식적 의사소통과 비공식적 의사소통으로 나눌 수 있고, 의사소통의 네트워크 유형은 쇠사슬형, y형, 수레바퀴형, 원형, 리더가 없는 스타형, 리더가 있는 연결형 등으로 구분된다.

1) 공식적 의사소통

(1) **하향적 의사소통 :** 조직의 위계 또는 명령계통에 따라 상위계층으로부터 하위계층으로 명령이나 지시 등을 한다.
(2) **상향적 의사소통 :** 하위계층으로부터 상위계층으로 의견이나 정보는 물론 성과보고 등을 한다.
(3) **수평적 의사소통 :** 동일수준의 지위에 있는 구성원이나 부서간에 이루어지는 의사소통을 말한다.

2) 비공식적 의사소통

(1) 그레이프 바인 형성

구성원들은 감정적 친화, 학연, 입사동기, 지연 등에 의해 다양한 사람과 인간관계를 맺는다. 분파의식조장, 루머조장 등이 가능하다.

(2) 비공식 의사소통이 활용되는 경우

필요한 정보와 주어진 정보 사이의 갭을 극복한다.
상호간의 불확실성으로부터 서로들을 보호한다.
개인적인 문제나 감정의 문제를 해결한다.
미워하는 사람을 음해 하려 할 때 이용한다.
새로운 정보를 가능한 한 빨리 조직 구성원들에게 전파시키고자 할 때 필요 한다.

(3) 비공식 의사소통의 순 기능적 역할

조직의 이로운 정보의 확산에 유리하다.
구성원들에게 소속감과 안정감을 제공한다.
감정폭발을 억제할 수 있는 안전 벨브의 역할을 한다.
조직관리에 대한 피드백의 원천이 된다.

3) 의사소통의 네트워크 유형

의사소통의 네트워크란 조직 구성원간 의사소통이 이루어지는 경로의 구조이다.

(1) **쇠사슬형** : 단순한 계층적 네트워크

(2) **y형** : 비교적 다수의 구성원을 대표할 수 있는 두 명의 인물이 존재

(3) **수레바퀴형** : 집단 내에 중심적인 인물 또는 리더가 있어 구성원간의 정보전달이 한 사람에게 집중되는 형태.

(4) **원형** : 동일한 수준의 구성원간에 이루어지는 의사소통.
예) 위원회

(5) **리더가 없는 스타형** : 민주적 형태의 네트워크로서 집단 내에 리더나 중심인물이 별도로 존재하지 않고 각 구성원이 자유롭게 정보를 교환

(6) **리더가 있는 연결형** : 각 구성원이 자유롭게 의사소통을 할 수 있으나 중심적인 인물이나 리더가 있는 네트워크의 형태

4. 의사소통의 장애요인

효과적인 커뮤니케이션을 방해하는 요인들은 다음과 같다

1) 전달자와 수신자간의 행태의 차이

전달자와 수신자간의 가치관, 교육수준, 사회적 계층, 지위 등에서 차이가 나면 커뮤니케이션이 원활히 수행될 수 없다.

2) 전달자의 의식적 제한과 자기방어

전달자가 자기에게 유리한 내용만 전달하거나 상대방이 듣기 좋아하는 것만 전달하게 되면 커뮤니케이션의 장애가 일어난다.

3) 타 업무의 압박

업무가 너무 과중하여 전달자나 수신자가 의사를 잘못 전달하거나, 잘못 수신하는 경우가 있다.

4) 전문용어, 비어. 방언의 사용

전문적인 특수한 용어를 사용하거나 요즘 젊은이들이 사용하는 비어나 지방 사투리 등은 효과적인 커뮤니케이션을 방해한다.

5) 전달 과정에서의 유실

의사를 전달하는 과정에서 내용을 빠뜨리거나 수신자가 제대로 기억을 하지 못하게 되면 커뮤니케이션이 원활하게 수행되지 못한다.

제7장 인적자원관리

1. 인적자원관리의 개념 및 목적

인적자원관리(HRM : Human Resources Management)란 사회복지조직이 목표를 달성하기 위해서 필요로 하는 인력을 채용하고, 교육 및 훈련(능력개발)하며, 동시에 동기를 부여하고, 사기를 진작시키는 조직구성원의 유지 및 보상의 관리 활동체계 등 전반의 것을 말한다. 그리고 이는 필요한 인력의 파악과 사용가능한 보유인력의 확인 및 모집선발, 승진, 평가와 조직구성원의 생애계획, 보수훈련 등을 통해 임무를 효율적이고 효과적으로 수행할 수 있도록 이루어진다. 또한 인적자원관리는 조직편성, 즉 역할과 직책의 구조를 의도한 바대로 설정하는 것과 조직의 비전을 설정하고 그것을 직원들에게 명확히 전달함으로써 조직의 목표달성에 동참하도록 유도하는 것과 밀접히 연결되어 있다.

따라서 인적자원관리는 직원의 조직활동 전반에 대한 관리로써 이를 통한 일차적 관심은 직원의 능력향상에 두는 것으로 이해할 수 있다. 이는 사회경제적으로 약자인 클라이언트의 복지를 증진시키기 위해 가장 효율적이고 이상적인 서비스를 제공해야 한다는 서비스정신에 의한 것이다. 그리고 직원의 능력향상을 통해 서비스정신도 함께 향상되며 클라이언트의 복지가 자연스럽게 증진될 것을 기대한다.

사회복지조직에서 이처럼 인적자원관리를 하는 주된 목적은 직원의 고용과 함께 사회복지 조직의 효율성을 높임과 동시에 그들이 하는 활동을 통해 클라이언트의 욕구를 충족시키면서 효과성을 극대화하는데 있다. 뿐만 아니라 능력개발, 동기부여, 보상, 승진 등과 관련한 직원 개개인의 욕구를 충족시키는 것도 목적에 포함될 수 있다. 이러한 목적은 조직 또는 직원이 각기 다른 목적을 가지고 있는 것처럼 보이지만 사실상 업무수행이라는 부분에서는 동일한 목적을 가지고 서로 연계되어 있다. 직원의 조직내 업무수행의 성과는 보상이라는 개인의 욕구충족과 동시에 업무활동을 통한 조직내 기여는 조직의 비전에 일치하기 때문이다.

2. 인적자원의 확보관리

사회복지조직의 인적자원을 효율적으로 관리하는 것 중 우선되어야 할 것은 인력확보이다. 인적자원의 확보관리는 조직의 직원으로 업무에 적절한 인물을 신규로 충원하는 것으로 그 내용을 크게 인적자원의 모집, 채용선발 등으로 나누어 설명할 수 있다.

1) 모집(Recruitment)

맨검(Mangum)에 의하면 인적자원의 모집은 자격을 갖추어 지원한 사람들 중 공석중인 지위에 유치하는 과정으로 전문성을 갖춰 유능하고, 클라이언트 및 다른 직원들과 원만한 대인 관계를 맺을 수 있는 능력을 지닌 직원을 고용하는 것이다. 직원의 모집절차는 모집해야할 직위의 직무분석, 직무명세서 또는 직무기술서 작성, 모집공고 및 의뢰(대중매체, 추천의뢰, 인터넷, 개인접촉)등으로 이뤄진다. 직원모집에 활용되는 이러한 절차는 유능하고 원만한 인간관계를 이루어나갈 수 있는 사람을 채용하는 단·중·장기 충원계획을 수립한 후에 실시하여야 한다.

직원의 충원절차를 구체적으로 살펴보면 다음과 같다.

① 직무분석은 각 직무들이 무슨 일인지, 어디서, 어떻게, 언제, 왜 하는지, 작업환경은 어떠한지 등 직무자체에 대한 분석으로 여기에는 업무분석과 기술분석이 있다. 직무분석의 목적은 직무에 관한 합리적이고 체계적인 정보를 제공하여 인적자원관리의 기반을 마련하기 위한 것으로 지원자가 그 업무에 적합한지를 사전에 판단하는 기준이 된다.

② 직무명세서는 직무분석이 이루어진 후에 작성되는 것으로 직무수행자의 요건과 관련된 사항들이다. 즉 특정한 직무를 수행하는데 필요한 수행자의 지식, 기능, 능력, 기타 특성 등을 명시해 놓은 문서이다. 예를 들어 사회복지사 모집 시 1급 또는 2급 자격증을 소유하고 있는지, 복지시설 또는 기관의 근무경력이 있는지 등을 파악한다. 또한 직무기술서는 직무특성에 중점을 두고 일정한 형식으로 정리한 문서로 직무자체에 관한 기술서이다. 즉, 직무의 성격, 명칭, 위치, 수행임무와 책임, 직무의 조직 내의 위치, 직무환경, 직무에서 기대되는 결과 등의 내용을 간략히 기술한다.

③ 모집공고는 새로 채용될 직원이 일하게 될 부서에 대한 내용으로 문서에 대한 사전동의를 전제로 한다. 공고문에는 직무명, 직무분류 및 봉급범위, 근무지역

및 근무부서, 직무명세서(최소한의 자격요건), 시험 및 면접일시, 신청절차, 지원신청 마감일시 등의 내용이 포함되어야 한다. 모집공고방법은 대중매체를 활용하거나 전문잡지 또는 동료집단, 대학 등을 통한다. 전문적 기술을 요하는 직무에 관해서는 주변의 추천을 받아 직접적인 접촉을 시도하는 경우도 있다. 또한 최근에는 사회복지관련 홈페이지가 많이 생성되어있기 때문에 관련 사이트에 모집공고를 의뢰하여 폭넓은 지원자군을 만들기도 한다.

2) 선발

사회복지조직에서의 직원선발에 대해 스키모어(Skidmore)는 사회복지사가 갖추어야 할 요소로 능력, 돌보기, 사명감을 제시했다. 이는 곧 기관이 필요로 하는 자질과 능력을 갖춘 즉, 직무명세서에 가장 적합한 지원자를 선별할 때 필요한 요소라 할 수 있다. 인적자원의 선발절차는 직원모집 공고이후 지원자의 자질을 파악한 후 선발하게 되는데 잠재력과 장래성이 높은 직원을 고려하여 선발해야 한다. 다만, 사회적 특성에 따라 우리나라는 장애인고용촉진 및 직업재활법, 차별철폐조치 프로그램, 남녀고용촉진법 등을 고려하여 신입직원을 선발하거나 인사배치를 하기도 한다.

직무에 적합한 자질을 갖춘 직원을 선발할 때는 다양한 방법으로 지원자들에 대한 정보를 수집하는 것이 필요하다. 이를 위해 기본적인 신상파악을 위한 서류심사 외에도 기관 및 조직에 따라 필기시험, 실기시험(기능Test), 심리검사와 적성검사 등을 치르게 되는 경우도 있으며 면접과정을 거친다.

서류심사는 지원자의 교육적 배경, 직업경력 및 근무연한, 나이, 성별, 혼인관계 등을 파악하는 것으로 이러한 정보는 기본적이고 공통적으로 요구되는 것들이다. 필기시험은 지원자의 사고력, 통찰력, 판단력 등을 측정하며, 실기시험은 실제 근무조건과 같은 도구와 기구를 써서 일을 해 보게 한다. 이러한 시험은 지원자가 직무에서 요구하는 기술 또는 전문성이 있는지를 파악하는데 유리하다. 그러나 실기시험의 경우 때로는 다수의 사례를 적용하는 것이 불가능하기 때문에 전반적인 능력을 평가하는데 있어서는 어려움이 있을 수 있다.

또한 면접에서는 지원자의 지식, 경험, 개인적 특성파악, 창의성, 협조성을 파악하면서 평가를 하게 된다. 또한 필요시 학교성적을 검토하거나 건강상태를 알아보기 위한 건강진단 등을 요구한다. 면접과정은 지원자에 대해 가장 유용한 정보를 획득할 수 있기 때문에 모든 선발과정 중에서 가장 중요하다고 할 수 있다. 반면 면접자의 개인적 견해나 편견이 개입될 가능성이 있으므로 다음과 같은 주의가 요구된다. 즉, 평가시에는 누가 평가를 하더라도 동일한 결과가 나오는가(객관성), 얼마나 정확히 측정하였는가(타당도), 동일한 개념에 대해 측정을 반복했을 경우 동일한 측정값을 얻을 가능성과 측정도구가 측정하려고 하는 속성을 얼마나 진실에 가깝도록 측정하였는가 그리고 측정오차가 얼마나 존재하는가(신뢰도)를 파악해야 한다. 또한 평가도구가 경비와 시간과 노력을 적게 들이고도 소기의 목적을 달성할 수 있었는가(실용성), 측정점수가 적당히 분포되도록 난이도를 조정했는가(난이도) 등의 문제도 고려한 선발기준이 필요하다.

이러한 모든 과정을 거쳐 선발된 사람에 대해서는 직무의 성격 및 내용, 급여수준, 조직 등에 대한 정보를 충분히 제공해야 한다. 그리고 선발된 사람과 이러한 내용에 대한 합의가 이루어져야 한다. 이를 통해 신규채용된 사람이 조직의 구성원으로서 자신의 업무에 대한 이해와 작업환경에 대한 이해가 명확하여 적응하는데 어려움이 없도록 하며, 또한 조직에 대한 불필요한 기대도 막을 수 있게 한다.

3. 인적자원개발관리

1) 인적자원개발의 개념 및 목적

어느 조직이든 시간이 지나면서 직원들 간의 직위변동 또는 업무환경의 변화를 경험하게 된다. 이 때 직원들은 새로운 업무환경에 적응해야 하고 그에 필요한 기술을 익힐 필요가 있다. 특히 사회복지관련 업무는 사회변화에 따라 욕구의 수준도 변화하기 때문에 전문성과 기술을 갖춘 유능한 직원이라 할지라도 계속 변화하는 사회복지서비스 환경에서 새로운 서비스기술을 익혀야 할 것이다. 따라서 인적자원의 개발은 효율적이고 효과적인 조직의 운영을 위해서 직원의 추가적인 교육 및 훈련이 필요하다. 그리고 이를 통해 업무수행능력을 진작시켜야 할 것이다.

인적자원개발은 직원들의 소양과 능력 개발, 직무수행에 필요한 지식과 기술향상, 가치관과 태도를 바람직한 방향으로 변화시키기 위한 교육과 훈련 활동을 말한다. 이를 통해 도달하고자 하는 목적은 직원들의 기본소양개발, 능률향상, 업무수행능력향상, 가치관 및 태도변화 등 다양하다. 그리고 교육 및 훈련을 통해 클라이언트를 대상으로 한 서비스를 극대화하면서 동시에 조직의 목표달성을 극대화 할 것을 기대한다.

2) 인적자원개발을 위한 교육 및 훈련

인적자원개발을 위한 교육훈련은 그 목적과 방법, 시기와 일정 등을 살펴 이루어지는데, 직원들의 업무경험에 따라 제공되는 교육훈련과정을 차별화하여 진행하면서 극대화된 효과를 기대한다. 또한 교육의 효과를 높이기 위한 계획을 수립한 이후에 교육의 대상을 구분하여 각각 필요에 따라 적절한 학습경험을 제공받을 수 있도록 한다.

신입직원 교육 및 훈련

신입직원들의 훈련은 Orientation과정으로 대개의 경우 조직 내 선임자들에 의해 진행된다. 교육내용으로는 조직에 대한 적응훈련 또는 기초훈련 등에 초점을 맞추어 조직의 기본 정보 즉, 역사 및 목표, 비전을 공유할 수 있게 하며, 인간관계, 의사소통, 조직구조, 조직 내에서의 위치와 기능 등을 이해하도록 돕는다. 동시에 업무환경에 대한 적응을 위해 직무와 관련한 개인적 지식과 기술을 강화시키는 내용으로 역할수행을 증진시키고자 한다.

일반직원 교육 및 훈련

일반직원을 대상으로 하는 교육훈련은 보수교육과정으로 직무수행능력의 향상과 변화된 사회복지환경에서의 새로운 기술습득을 내용으로 한다. 즉, 직무수행과정에서 전문화된 영역을 개발하거나 업무의 적절한 조정체계, 직무관련 관계성 등을 형성해 나가도록 지원하는 과정이다. 이를 통해 직원의 능력개발에 대한 이해 등을 제고시켜 조직내 업무의 효과성과 효율성을 높이는데 보다 많은 기여를 할 수 있도록 한다.

슈퍼바이저 교육 및 훈련

1인 이상의 부하를 통솔하고 감독할 책임이 있는 슈퍼바이저들에 대한 훈련(Supervisor Training)에서는 리더십, 의사전달, 인간관계, 인사관리 등의 내용으로 교육을 진행한다. 특히 슈퍼바이저는 조직내 직원들을 모니터링하고 평가하는 행정적 관리자인 동시에 정서적 지지까지도 제공해야 하는 책임을 갖고 있다. 즉 일선에서 클라이언트에게 서비스를 담당하는 직원들의 서비스와 관련한 전문적 지식과 기술을 증진시키는 역할을 잘 수행할 수 있어야 하며, 업무로 인해 소진상태에 빠질 수 있는 직원들에게 정서적 지지를 제공하여 직원들이 긴장과 갈등의 상황에 처하지 않도록 도와야 하는 책임이 있다. 슈퍼바이저가 직원들의 직무수행 및 조직내에서의 소속감 또는 안전감 등에 미치는 영향은 대단히 크기 때문에 교육의 내용도 슈퍼바이저들이 갖추어야 하는 풍부한 지식, 실천기술을 비롯해 직원들이 쉽게 접근할 수 있는 관리자로서의 자질을 중심으로 이루어지는 것이 바람직하다.

3) 교육 및 훈련의 방법

각각의 교육훈련과정은 필요에 따라 강의법, 회의법, 토의법을 통해 내용전달을 하게 된다.

강의법(Lecture Method)

강의법은 단시간에 다수에게 다량의 교육내용을 체계적으로 전달할 수 있어 경제적이고 전체적인 전망을 제시하는데 유리하며, 새로운 단원을 도입하는데 효과적이라 할 수 있다. 다만 교육생들이 수동적으로 지식을 전달받기 때문에 지식의 단순암기나 이해에 그치게 되어 표현력, 비판력, 문제해결력과 같은 능력을 기르는 데에는 어려움이 있다.

회의법(Conference Method)

회의법은 어떤 주제에 관해 논의하고 토의하는 공식 모임이다. 토론주제에 따라 깊이있는 논의가 이루어지면서 분명한 결론을 이끌어 낼 수 있다. 그러나 다른 측면에서는 회의참석자들이 토론주제에 대한 사전 지식이 없을 경우 탁상공론이 될 가능성이 있고, 결론을 토출해 내는 회의 과정이 느리거나 일반적 진행이 될 수 있다. 따라서 회의법은 소규모 집단에만 적용이 가능하며 회의주제에 대한 분명한 이해가 사전에 요구된다고 할 수 있다.

토의법(Discussion Method)

토의법은 한 주제에 대해 소수의 사람이 주제발표를 하고 난 후 여러 사람이 토론을 벌이는 방법으로 자유토론, 포럼, 패널, 심포지엄 등의 방식으로 진행될 수 있다. 토의법은 하나의 주제에 대해 자유롭고 공개적인 분위기에서 참여자 모두의 집단 사고를 모을 수 있다. 그러나 소수에게 집중된 토의기회로 인해 다수의 참석자들은 개인적인 의견을 개진할 기회를 갖기 힘들며 결론 없이 끝날 수도 있거나 토론의 초점을 잃을 수도 있음을 조심해야 한다.

계속교육(Continuing Education)

사회복지조직에서 근무하는 직원은 대부분 학교 교육이 끝난 상태이기 때문에 새로운 지식을 전달받는데 어려움이 있을 수 있다. 따라서 사회복지조직의 직원들을 대상으로 전문성과 기술을 향상시키기 위해 계속교육이 필요하다.

슈퍼비전(Supervision)

슈퍼비전은 직원이 실제 직위에 앉아 업무를 진행하면서 윗사람(중간관리자)으로부터 직무에 관해 지도 감독, 교육을 받는 것을 말한다. 기술을 터득한 선임자가 초보자에게 그에 대한 내용을 교육시킬 때에 유용하다. 다만 이 방식은 다수를 동시에 훈련할 수 없고 슈퍼바이저의 시간을 빼앗아 업무활동에 제약을 줄 수 있다는 단점이 있다.

사례발표(Case Study)

사례발표를 통해 직원들은 직접 다루어보지 않은 문제유형이라 할지라도 실제적인 상황과 유사한 경험을 할 수 있고, 동시에 분석적인 사고능력과 문제해결능력을 개발할 수 있는 기회를 얻을 수 있다. 그러나 구체적 사례를 중심으로 다루고 있기 때문에 경험적인 차원에서는 바람직하다고 할 수 있겠으나 체계적이고 전반적인 지식의 훈련에는 적합하지 않다.

역할연기(Role Playing)

역할연기는 심리극으로 어떤 사례를 직원들 앞에서 직원들이 직접 연기를 하고 평가하여 사회자가 결론적으로 설명하는 방법이다. 이는 인간관계 훈련에 효과적이며, 가상의 직무를 얻을 수 있는 효과가 있다. 또한 역할연기를 통해 교육대상자들의 태도변화 유도에 효과적이라 할 수 있다. 다만 역할연기를 위한 상황은 설정된 것으로 실제로는 부적합할 수도 있기 때문에 그의 사용범위는 매우 좁을 수 있다는 한계가 있다.

집단행동

집단행동이란 집단의 성원들에게 열려있는 수용할 수 있는 분위기를 제공함으로써 그들 자신들에 대한 감정과 이 감정들이 결정이나 서비스 전달을 위한 행동에 어떤 영향을 미치는지 등에 대한 이해를 증진시키는 것이다. 여행, MT, 극기훈련 등을 통해 직원들이 스스로에 대한 감정의 이해를 증진시키도록 도움으로써 태도와 행동변화를 기인하는데 가장 효과적인 방법이라 할 수 있다.

4. 직원의 보상관리체계

보상(Compensation)이란 업무평가를 통해 사회복지조직의 직원이 조직에 공헌하면서 조직으로부터 무엇인가를 얻는 것을 말한다. 즉 직원의 조직기여도에 따라 임금 등의 물질적 혜택 또는 승진, 칭찬, 안정감, 생활안정 등의 비물질적인 것까지를 포함한다. 보상은 업무분석, 업무평가, 업무구조에 기초하고 더불어 조직 밖의 상황을 고려하여 이루어진다.

1) 임금(Wage and Salary)

임금은 사용자가 근로에 대한 대가로 근로자에게 임금, 봉급, 기타 여하한 명칭으로 지급하는 일체의 금품을 말한다. 보수체계는 봉급과 수당을 합친 금액으로 급여, 초과시간에 따른 수당, 인센티브, 연금이나 유급휴가와 같은 부가급여 등이 있다. 금전적 보상(임금)은 직접적 보상으로 조직에서는 비용으로 인식하여 가능하면 줄이려고 노력하는 반면, 직원의 입장에서는 소득으로 인식하기 때문에 가능하면 더 받으려고 노력한다. 따라서 임금관리에 있어서는 적절성, 공정성 및 합리성의 원칙이 반드시 지켜지는 기술이 필요하다. 임금은 외부적으로 다른 기관들에서의 보상 수준과 같거나 높아야 하고, 내부적으로는 직원들 간 조직위계에 적합하게 공평한 배분이 이루어지도록 해야 한다. 또한 개인적 및 집단적 수행실적에 보상을 연계해서 직원들의 기본적 욕구를 충족시킬 수 있을 만큼의 충분한 수준의 보상이 뒤따라야 할 것이다.

특히 임금은 직원 개개인의 업무의 가치를 평가하여 형성되는 것이기 때문에 개인적으로는 사기진작에도 매우 중요한 영향을 미치는 것이라고 할 수 있다. 따라서 조직의 임금구조로 인해 임금을 통한 보상이 어려울 경우에는 휴가, 안식년 등 기타 다른 간접적 보상방법을 제공하는 것도 의미가 있다.

2) 이동(Rotation)

보상관리의 종류에는 업무에 변화를 주는 내용을 포함할 수 있다. 즉 동일한 계급이나 등급내의 이동을 의미하는 배치전환의 방법으로 전직, 전보, 인사교류, 전출입, 파견근무 등을 통해 직원이 새로운 업무에 도전할 수 있는 기회를 제공하거나, 그동안 하고 싶어 했던 직무내용을 할 수 있도록 함으로써 직원의 잠재능력을 발휘할 수 있도록 하는 데 그 목적을 둔다.

3) 승진(Promotion)

승진은 조직의 기능에 있어 매우 중요하며, 모든 직원들은 승진에 관심이 있다. 따라서 승진절차는 구체적이고 명백한 기준에 따라 진행되어야 한다. 일반적으로 승진의 기준은 학력, 경력, 근무기간 동안의 근무성적 등을 함께 고려하여 결정하는 것이 바람직하다. 주관적이고 객관적인 인사기준을 통해 공평하게 진행되어야 직원들의 갈등도 관리할 수 있을 것이다. 따라서 승진과정은 다음의 기본원칙을 지킬 때 조직의 도덕성도 인정받을 수 있다. ① 승진할 직위의 수가 적정하고, 직원들의 승진할 능력과 시기가 되었을 때 승진이 가능해야 한다. 또한 선배들의 승진 연한과 비슷하고 정체현상이 없어야 한다(적정성). ② 승진 대상자들에게 승진의 기회를 공정하게 배분해야 한다. 부서간 비슷한 승진비율은 물론 승진결정과정이 공정하고 승진평가과정이 공개되어야 한다(공정성). ③ 승진결정에 영향을 미친 평가요소를 합리적으로 선택하여 평가해야 한다(합리성).

5. 직원의 유지관리

1) 직원의 사기

직원의 사기(Moral)는 어떤 목표를 효율적으로 달성하고자 하는 자발적인 근무의욕, 정신, 태도이며, 일의 성과는 개인이 가지고 있는 능력에 근무의욕을 합한 것이다. 사기가 일의 성과에 미치는 영향은 매우 크다. 직원의 사기에 영향을 미치는 요인으로는 직간접적 보상, 즉 임금과 복리후생제도 등이 일반적인 것으로 알려져 있다. 그 외에도 조직구성원의 근무조건이나 인사관리, 신상문제나 직장생활 관계와 관련된 고충과 불만에 대해 심사와 인사상담을 통해 해결책을 모색하는 고충처리제도도 영향을 미치고 있는 것으로 나타난다. 또한 조직운영과 업무개선에 관한 창의적 의견이나 아이디어를 제안하여 행정운영에 능률화, 합리화에 이바지 할 수 있다고 판정될 때 따르는 보상도 중요한 요인이라 할 수 있다.

2) 직원의 동기부여(Motivation)

동기부여는 사람이 업무에 대한 의욕이 생기고 사기가 높아져 열정적으로 일할 수 있도록 하는 중요한 요소이다. 이는 목표를 향한 자발적인 행동을 유발하고 계속하게 하는 심리적 과정으로 의도적이고 의식적으로 일어난 행동이라 할 수 있다. 동기부여는 인간이 가지고 있는 욕구에서 출발하는 것으로 욕구를 충족시키기 위해 욕구가 목표지향적 행동으로 전환된다. 즉 하나의 욕구충족을 위한 노력이 추구하는 목표에 도달하게 되면 이는 또 다른 목표를 달성하기 위한 동기가 됨을 의미한다. 특히 목표에 도달했을 때 보상과 인정이 뒤따르게 되면 새로운 욕구에 의한 새로운 목표를 달성하고자 하는 행동이 나타나게 된다. 따라서 조직구성원들의 동기부여는 업무수행과정에서 자신의 능력을 최대한 발휘할 수 있는 것이므로 조직은 직원들이 욕구를 충족하고 성장할 수 있는 기회를 지속적으로 제공하는 노력이 필요하다.

동기부여의 공통적 요소는 ① 개인적 관심 ② 시간관리 ③ 행정적 지지 ④ 책임과 권한의 명확화 ⑤ 인정(승인)과 감사(칭찬) ⑥ 성취기회 제공 ⑦ 직업가치와 직업윤리 ⑧ 직무집단의 영향력 등을 들 수 있다. 이때 직원은 개인의 심리적 변화과정이나 행동의 변화과정보다 나중에 드러난 만족감이나 근무의욕에 비중을 두면서 직무 수행 동기가 유지되고 활성화되도록 노력한다.

이러한 동기부여는 특히 사회복지조직에서 업무상, 과업환경상, 인사관리상, 개인적 특성 등을 고려하여 이루어져야 한다.

① 업무상의 동기부여는 직원이 기술의 다양성과 전문성을 발휘할 수 있는 기회를 제공함으로 과업의 완결성을 추구하도록 한다. 이때 과업의 의미와 공헌, 중요성을 인식시켜 주면서 동시에 직원의 업무수행과정에서 자율성이 보장될 수 있어야 한다. 그리고 과업수행의 결과가 어느 정도 목표를 달성했는지, 잘 했는지, 못했는지 등에 대한 피드백이 있다면 발전적인 업무수행을 위한 동기부여는 지속될 수 있다. 이는 곧 직원 스스로 자신의 업무에 대한 성취감 및 책임감을 느끼고 이후의 업무수행과정에서도 보다 적극성을 유도해 낼 수 있을 것이다.

② 과업환경상의 동기부여란 직원의 업무환경에 따른다. 이는 단순한 작업환경을 의미하는 것이 아니라 사회적 환경에서 인간관계와 문화적 환경이 함께 고려되어야 한다. 조직의 목표달성을 위한 업무수행과정에서 동반되는 것이 인간관계인데 관계성이 제대로 형성되지 못해서 원활한 업무진행이 이루어지지 않는다면 동기부여에도 부정적인 영향을 주게 된다. 따라서 업무환경은 관리와 통제과정에서 직원개개인의 전문성을 인정하는 방향으로 유도하도록 해야 할 것이다.

③ 인사관리상의 동기부여는 직원의 신분보장을 의미하는 것으로 불안정한 신분은 곧 업무적으로 적극적이지 못한 태도로 나타날 가능성이 있다. 뿐만 아니라 적

절하고 적합한 보장이 고려되어야 하며, 자신의 능력을 발휘할 수 있는 업무에 배치되어야 보다 효과적이고 효율적인 업무관리가 가능하다. 따라서 물질적, 비물질적 혜택에 대한 지지는 물론 교육 및 훈련의 기회 등을 부여하는 등 직원 개개인의 업무수행에 대한 적절한 보상이 갖추어진다면 업무수행에 대한 동기를 지속시킬 수 있을 것이다.

④ 동기부여에는 개인의 특성도 고려되어야 하는데 가정환경은 물론 개인이 직장 밖의 취미생활이나 여가활동을 하고 있다면 이들이 직무와 어떠한 관계가 있는가도 동기부여에 중요한 영향을 미칠 수 있다. 따라서 개인적인 상황을 고려하고 배려하는 것도 직원의 사기와 동기부여에 매우 중요하다고 할 수 있다. 또한 개인의 능력과 성향 등도 고려하여 그에 따른 업무배치를 한다면 보다 적극적이고 창의적인 업무수행이 가능할 수 있을 것이다.

3) 동기부여 이론

동기부여이론은 행동의 원동력이 무엇인가, 무엇이 행동을 일으키는가(내용이론)에 대한 것과 어떻게 유도되고 어떤 단계를 밟아 진행되는가의 과정을 살피는(과정이론) 두 가지 이론으로 구별되어 설명이 가능하다.

내용이론은 욕구의 충족과 동기부여간에 직접적 인과관계를 인정하고 동기를 유발하는 욕구의 내용 규명에 중점을 두는 이론으로 인간의 행동은 욕구충족의 수단에 불과하다고 보지만, 욕구발생의 원인을 명확하게 설명하지는 못한다. 그러나 이는 조직에서 무엇이 사람들을 만족스럽게 하고 어떤 보상이 조직원의 사기를 높여주는가를 이해하는데 매우 유용하다. 내용이론과 과정이론은 다음과 같이 설명이 가능하다.

(1) 동기부여의 내용이론

A. Maslow의 욕구계층이론

매슬로우는 인간은 "영속적으로 무언가를 원하는 존재" 라고 가정하고 인간의 동기가 되는 욕구를 일정한 순서로 체계화 하여 이러한 체계가 단계적, 상향적으로 충족되어 질 수 있도록 예정된 질서라고 주장한다. 즉 인간의 욕구는 서로 상관되어 있으며 순차적으로 발로되는 우선순위의 계층을 이룬다. 가장 구체적이고 강도가 높은 욕구는 생리적 욕구이며, 자아실현욕구로 나아갈수록 추상적이고 우선순위가 낮아진다. 그리고 시간이 흐를수록 하급욕구에서 고차적인 욕구로 성장해 나가는데 이는 5단계로 구분을 한다.

① **생리적 욕구** : 욕구의 강도가 가장 높고 기본적이며 가장 선행되어야 할 욕구(의 · 식 · 주 등에 대한 욕구)

② **안전욕구** : 자신의 생명과 소유물을 안전하게 보호하고 싶어하는 욕구(경제적 안정이나 신분 보장)

③ **사회적 욕구** : 이웃과 따뜻한 애정, 사랑, 소속감을 느끼고 싶어하는 욕구

④ **존경의 욕구** : 개인으로부터 존경받거나 존경하고 싶어하는 자긍의 욕구

⑤ **자아실현의 욕구** : 자기가 진실로 하고 싶어 하는 일과 되고 싶어 하는 자기를 만드는 욕구이다. 이는 자신의 잠재능력을 최고도로 발휘하고자 하는 정상의 욕구로서 구체적 형태는 개인마다 다르며 가장 고차원적 욕구로 이 단계에서는 조직과 개인간의 갈등이 심화된다.

C. Alderfer의 E.R.G 이론

앨더퍼는 매슬로우의 욕구계층이론의 한계를 보완하기 위하여 욕구충족을 위한 행동이 얼마나 추상적인가를 기준으로 생존(E:Existence), 대인관계(R:Relatedness), 성장(G:Growth)의 3단계 욕구이론을 전개한다. 매슬로우 이론과는 다르게 앨더퍼는 상위욕구충족이 좌절되면 인간은 갈등상태의 지속을 원하지 않으므로 하위욕구로 하강한다는 "좌절-퇴행접근법"을 강조하였다. 또한 하나의 욕구가 하나의 행동을 유발한다는 매슬로우의 이론과는 달리 앨더퍼는 욕구가 복합적으로 작용하여 하나의 행동유발이 가능하다고 주장하면서 생리적 욕구와 안전욕구를 존재욕구로 통합하였다. 앨더퍼는 인간의 동기를 좀 더 현실적으로 설명하고 있다는 측면에서는 긍정적으로 평가받고 있지만 개인차를 고려하지 못한 것은 매슬로우와 유사하다.

D. McGregor의 X.Y이론

맥그리거는 매슬로우 이론을 토대로 "기업의 인간적 측면"에서 인간이 일에 대하여 가지고 있는 상반된 태도와 관점을 기준으로 X이론과 Y이론으로 분류하였고, 이를 통해 인간관과 관리전략을 설명하였다.

① X이론

X이론에서 나타난 인간관을 살펴보면 사람의 본성은 본래 일을 싫어하고 게으르며 외적 강제나 명령에 피동적으로 따를 뿐이며, 평범성을 전제한다. 그리고 대부분의 사

람은 안전을 원하고 변화에는 저항적일 뿐만 아니라 자기중심적이고 조직의 필요에 대해 무관심 하다. X이론은 매슬로우의 욕구계층 중 하위욕구를 중요시 하는 것으로 전통적 관리체계를 정당화시키고 있다. 따라서 강제와 위협, 면밀한 감독, 엄격한 통제를 통한 강경한 접근법과 경제적 보상 등 인간의 하위욕구를 충족시키거나 대인관계를 개선하는 부드러운 접근법을 통해 동기부여를 강조한다.

② Y이론

Y이론은 사람이 일을 놀이처럼 생각하고 일을 위해 정신적, 육체적 노력을 바치는 것은 자연스러운 것이며, 사람은 자율적으로 자기 규제를 할 수 있다고 보았다. 그리고 존경과 긍지에 대한 욕구와 자기실현 욕구를 가지고 있으면서, 적절한 조건만 갖추어 지면 책임을 받아들일 뿐 아니라 그것을 갈구한다. Y이론은 X이론과는 달리 비교적 상위욕구를 중요시 하는 것으로 자율에 의한 통제를 중시한다는 것을 제시하면서 X이론의 관리전략을 비판한다. 따라서 조직구성원에 대한 관리와 통제보다 구성원의 잠재력이 능동적으로 발휘되게 하면서 개인의 목적과 조직의 목적을 부합시키도록 한다. 즉 분권적, 민주적 관리가 가능한 통합의 원리를 강조하며, 사람들의 자율적 행동과 자기규제, 자기평가를 중시한다.

F. Herzberg의 욕구충족 2개 요인이론

허츠버그는 동기유발과 관련된 요인에는 불만요인과 만족요인이 있다고 보고, 이들 요인은 상호 독립되어 있다고 본다. 즉 인간의 기본욕구의 범주를 불만족을 느끼게 하는 위생요인과 만족을 주고 우수한 직무수행을 위해 동기를 유발하는데 작용하는 동기요인으로 이분화하였다. 위생요인(불만요인)은 직무와 관계되는 것으로 일 그 자체보다 직무환경에 관련된 요소이다. 주로 조직의 방침과 행정, 관리감독, 인간관계, 근무환경, 보수, 지위 등이 여기에 속한다. 동기요인은 불만요인이 어느 정도 제거된 상태 하에서 내재적 보상으로 직무 그 자체에 만족을 주는 요인으로 열심히 일하게 하고 작업성과도 높여주는 요인으로 성취, 인정, 책임, 승진 등이 여기에 속한다. 그러나 불만의 반대개념이 곧 만족은 아니며 불만요인은 동기부여를 위한 필요한 조건이기는 하되 충분한 조건은 아니므로 생산성 증대와는 직접 관계없고, 다만 작업의 손실을 막아줄 뿐이다. 따라서 불만요인의 제거는 사기를 높여 줄 수는 있으나 생산성을 높여줄 수는 없다. 즉 충족되지 않은 모든 욕구가 다 동기부여의 힘을 가지는 것은 아니라는 점에서 허츠버그의 이론은 매슬로우의 이론과 구별된다. 또한 개인차를 고려하지 않은 상태에서 직무요소와 동기 및 성과간의 관계를 충분히 분석하지 않은 상태에서 제시된 것으로 일반화하기에는 곤란하다고 할 수 있다.

N. Argyris의 성숙, 미성숙이론

아지리스는 인간의 성격과 personality를 성숙된 상태와 미성숙된 상태로 구분한다. 자아형성의 변화과정을 거쳐 인간의 personality가 수동적이고, 의존적이며, 자기실현이 결여된 상태인 미성숙에서 능동적이고, 독립적이며, 자기의식 및 자기규제의 기능이 강한 성숙단계로 발전한다고 주장한다. 즉 인간은 본질적으로 미성숙된 상태에서 성숙된 상태로 도달되도록 되어있으며, 조직의 목표와 개인의 욕구가 일치, 조화, 융합될 수 있는 조직이 가장 건강하고 바람직하다. 그러나 실제로 조직은 개인을 Y이론으로 다루지 않고 이에 역행하는 공식적 조직구조나 고전적 관리방식에 의해 개인을 관리하려 하기 때문에 조직과 개인간에는 근본적으로 갈등이 악순환 된다고 본다.

R. Likert의 4대 관리체제론

리커트는 미성숙인 보다는 성숙인, X이론 보다는 Y이론, 불만요인 보다는 동기요인에 의한 조직개혁 처방을 주장하면서 의사전달, 정책결정에의 참여, 교호작용 등을 기준으로 부하중심형(employee-centered)과 생산중심형(production-centered supervision)으로 분류하였다. 그리고 효과적인 감독·관리방식을 다음 4가지로 분류하고 있다.

① **체제Ⅰ(수탈적 권위형)** : 관리자는 부하를 신뢰하지 않고 의사결정과정에서 배제시킨다.

② **체제Ⅱ(온정적 권위형)** : 다소 온정적인 신뢰를 베풀고, 하급자는 정해진 범위안에서 의사결정이 가능하다.

③ **체제Ⅲ(협의적 참여형)** : 부하를 상당히 부분적으로 신뢰하며, 구체적인 결정은 하급자에게 허용한다.

④ **체제Ⅳ(참여적 집단형)** : 관리자는 부하를 완전히 신뢰하고, 의사결정권은 널리 분산된 채 전체적으로 잘 통합된다.

리커트은 위의 4가지 부하중심과 생산중심이 서로 균형을 유지해야 함을 강조하면서 동시에 조직이 부하에 대한 완전한 신뢰와 참여를 보장하는 체제Ⅳ에 가까울수록 생산성이 향상된다고 주장한다.

D. C. McClelland 성취동기이론

맥클리랜드는 동기유발의 요인을 성취욕구로 보고 인간의 동기는 권력욕구에서 소속욕구(친교욕구)로, 그리고 성취욕구 순으로 발달되어 간다고 하였다. 그리고 성취동기가 높을수록 생산성이 높아진다고 보는데 각각의 욕구는 다음과 같다.

① 권력욕구는 타인의 행동에 영향력을 미치거나 통제하려는 욕구이다.
② 친교욕구는 타인과 따뜻하고 친근한 관계를 유지하려는 욕구이다.
③ 성취욕구는 어려운 일을 성취하려는 욕구, 장애를 극복하고 높은 수준을 유지하려는 욕구, 자신을 한층 탁월하게 만들고 앞서려는 욕구 등을 말한다.

(2) 동기부여의 과정이론

J. S. Adams의 공정성이론

아담스의 공정성이론은 동일한 작업상황내의 능력이 비슷한 동료 또는 비교대상과 자신을 비교하여 자신의 노력(투입)과 그 산출(보상)간에 불일치(보상의 불공평성)를 지각하면 불공정성이 인지되고 이를 제거하는 방향으로 동기(행동)가 부여된다는 것이다. 반면 비교결과에 따라 비교대상과 자신의 산출/투입의 비율이 일치한 경우에는 만족하여 행동유발이 없다. 즉 공정성의 인지정도에 따라 자신의 산출/투입의 비율이 작은 경우(과소보상)에는 급여 인상 등의 편익증대를 요구하는 반면 자신의 산출/투입의 비율이 큰 경우(과다 보상)에는 부담을 느끼고 편익감소를 요청하거나 노력을 더하는 등 투입을 증대한다.

V. H. Vroom의 기대이론

브름의 기대이론은 욕구충족(만족감)과 직무수행의 관계에 있어서 직접적인 인과관계를 찾기 어렵다고 보고 욕구충족과 동기유발 사이에 어떤 주관적 평가과정(지각과정)이 개입되어 있다고 본다. 그리고 그 지각과정을 통한 기대요인의 충족에 의해 동기 또는 근무의욕이 결정된다는 이론이다. 동기부여단계에서 나타나는 기대감(Expectancy)은 노력이나 능력을 투입하면 성과가 있을 것이라는 주관적인 것으로 성과와 보상에 그 의미를 부여한다.

Locke의 목표설정이론

로케는 인간의 행동이 '의식적인 목표'와 '성취의도'에 의하여 결정된다고 보고, 욕구의 내용이 아니라 목표의 특성, 즉 난이도와 구체성, 그리고 목표의 종류, 상황요인들에 의하여 개인의 성과가 결정된다고 본다. 따라서 막연하게 '최선을 다하라'는 식의 목표는 성과를 높이기 어렵다고 보고, 목표가 적당히 어렵고 명확할 때 더욱 노력하게 된다고 주장한다.

4) 직원의 소진

소진은 밀접한 인간관계와 관련된 직무스트레스가 많은 직종의 종사자들에게서 나타나는 부정적 현상이다. 이 현상은 단순히 개인의 문제에 머무는 것이 아니라 클라이언트에 대한 서비스와 기관에 영향을 미치게 되므로 소진은 직원의 유지관리체계에서 관심있게 다루어야 할 내용이다. 일반적으로 소진은 그 직무가 주로 대상자에 대한 이해나 감정이입을 전제로 서비스를 제공하는 직종에서 나타나기 쉬운 현상으로, 특히 사회복지사는 소진의 위험이 다른 집단에 비해 비교적 높은 것으로 알려져 있다. 소진이 발생하는 원인으로는 사회복지사의 성격이나 퍼스낼리티 등의 개인적 요인과 클라이언트 요인, 직무요인, 수퍼비전 요인으로 대별할 수 있다. 즉 소진의 주요 원인은 클라이언트나 업무에 적절히 대응하지 못한 사회복지사의 개인적 성향에 따르기도 하지만, 업무환경으로 인한 스트레스요인도 있음을 감안할 때 조직 및 슈퍼비전의 지지도 중요하다고 할 수 있다.

소진은 네 단계를 거쳐 나타나게 되는데 이를 구체적으로 살펴보면 다음과 같다.

① **열성의 단계** : 사회복지사가 자신의 일에 대해 희망과 정열, 때로는 비현실적인 기대를 갖고 많은 시간과 정력을 투자하는 단계이다.

② **침체의 단계** : 근무는 하되 일이 다른 모든 것을 대체할 만큼 흥미있는 것으로 느껴지지 않는 단계로 사회복지사는 오히려 보수나 근무시간, 근무환경 등에 신경을 쓰고 개인적인 욕구충족을 더 중요하게 여기게 된다.

③ **좌절의 단계** : 사회복지사는 자신의 직무수행능력과 일 자체의 가치에 대한 의문을 갖게 되어 업무환경 내의 여러 제한점을 자기가 하는 일에 대한 위협으로 보게 되고, 노력에 비해 성과가 적다고 불평하게 된다. 가장 전형적으로 나타나는 증상은 클라이언트와의 직접적인 접촉을 피하게 되고 피로, 두통, 복통 등의

경험을 호소한다.

④ **방어의 단계** : 자신을 좌절로부터 방어하기 위해 냉담해지는 무관심의 단계로 정신적, 신체적으로 기권상태에서 클라이언트에게 무관심해지거나 심한 경우 그 직업을 떠나게 된다.

사회복지사의 소진은 자신에게나 클라이언트 그리고 조직을 위해서도 바람직하다고 볼 수 없기 때문에 소진은 사전에 예방하는 것이 매우 중요하다. 이를 위해서 소진을 가져오는 조직의 구조적 요인으로 볼 수 있는 사회복지사의 직무수행에 있어 자율성과 통제권을 확대하는 것이 필요하다. 즉 중요한 결정을 하는 과정에서 사회복지사가 참여할 수 있는 기회를 보장하고, 수직적 의사소통의 경로를 마련해야 할 것이다. 또한 사회복지사는 업무에 있어 정신적, 정서적 부담이 가중될 때 소진을 경험할 수 있기 때문에 사회복지사와 클라이언트의 비율을 낮추면서 동시에 직장내의 물리적 환경을 개선해 줄 필요가 있다. 더불어 적절한 교육과 훈련의 기회를 정기적으로 제공하여 개별사회복지사의 직무수행능력을 향상시킬 수 있도록 지원하는 것도 필요하다.

5) 직원의 갈등관리

갈등이란 어떤 개인이 관심을 갖고 있는 것에 대하여 다른 사람이 부정적으로 영향을 주거나 영향을 줄 것으로 지각할 때 둘 이상의 개인 간 또는 집단 내에서 일어나는 대립적 작용이다. 이러한 갈등이 조직 내에서 일어날 때는 희소자원이나 업무의 배분이 불균형하거나 목표, 가치, 인지 등의 차이로 인해 개인, 집단 및 조직의 심리, 행동 또는 그 양면에 나타나면서 대립적 상호작용이 일어날 때 갈등상태에 처하게 된다.

갈등은 다음과 같은 다양한 원인에 의해 발생할 수 있다.

① 상호의존성이 공동협력을 위한 유인을 제공할 수도 있지만, 동시에 그것자체가 집단간 갈등의 기회도 제공할 수 있다.

② 목표달성을 위해 어떤 자원을 동원할 것인지, 제한된 자원을 누가 가지게 될 것인지에 대한 것이 불분명하거나 의견이 불일치 할 경우 경쟁이 생기면서 갈등이 발생할 수 있다.

③ 둘 이상의 행동주체가 서로 양립할 수 없는 목표를 동시에 추구할 때 승패의 상황이라는 갈등상황이 조성될 수 있다. 이는 조직 내에서 하위단위가 전문화됨에 따라 조직목표가 분화되는 데에서 기인한다.

④ 같은 사물을 서로 다르게 지각하는 사람들이 교호작용을 하게 되면 갈등이 일어

날 가능성이 크다. 개인의 가치관, 경험, 지위, 역할, 관점, 목표 등 지각의 차이를 가져올 수 있는 요인은 매우 다양하다.

⑤ 신분상의 불일치가 있거나, 신분상의 계층변화가 일어났을 때 갈등이 촉진될 수 있다. 신분상의 변화에는 근속연수, 나이, 교육수준, 급여수준 등이 포함된다.

⑥ 정보가 계층을 따라 움직이는 과정에서 정보가 모호해지면서 의사소통이 왜곡될 때 갈등이 유발되기 쉽다.

⑦ 업무수행과정에서 인력이 부족하거나 다른 방법에 의한 업무수행 및 처리, 물적 자원의 불충분이 갈등의 원인으로 나타날 수 있다.

이처럼 다양한 갈등의 원인을 제거하지 않고 갈등상황을 지속시키면 조직은 직원의 사기저하나 저조한 업무수행이 나타날 수 있기 때문에 조직의 목표한 바를 달성하기가 어려울 수 있다. 따라서 갈등상황을 근본적으로 변동시켜 제거하거나 갈등상황을 순기능적으로 조장하는 방법이 필요하다.

갈등해소를 위해서는 조직의 상위목표를 설정하면서 공통된 공동의 이익을 강조함으로써 갈등관계를 완화하는 것이 중요하다. 이를 위해 제3자에 의한 중재방법을 동원하여 갈등의 이슈나 문제에 대한 쟁점토론과 평가과정을 거치면서 갈등의 이유나 문제를 철회함과 동시에 갈등이 있는 개인간 또는 집단간의 상호의존성을 경감시킬 수 있어야 한다. 더불어 갈등관계에 있는 당사자들이 갈등해소를 위한 협력적인 입장을 취할 수 있도록 유도해야 한다.

결론적으로 인적자원관리는 사회복지조직의 효율적인 운영을 위해 절대적으로 필요한 부분으로 사회복지활동을 위한 적절한 인력확보부터 그들이 서비스를 제공하는데 있어 필요한 새로운 지식과 기술을 유지할 수 있도록 지원할 수 있어야 한다. 또한 직원들이 소진 또는 갈등관계로 인해 사회복지서비스를 제공하는데 있어 포기하지 않도록 끊임없는 관리가 요구된다.

제8장 재정자원관리

1. 재정관리의 개념 및 특성

사회복지사업을 하는데 있어서 재정자원은 매우 중요하다. 문제해결을 위한 좋은 프로그램이 기획되어있더라도 재정자원이 불충분하면 해결과정에 어려움이 있고, 목표달성도 어렵게 된다. 따라서 사회복지재정자원은 사회복지사업을 운영하는데 기본적인 전제조건이라 할 수 있다. 그러나 사회복지사업이 충분한 재원을 가지고 운영되는 경우가 드물기 때문에 이를 효율적으로 사용하도록 관리하고 통제하는 것은 사회복지행정에서 중요하다.

1) 재정관리의 개념

재정관리는 재무관리 또는 재무행정이라는 말과 혼용되고 있으며 조직이 목표 달성을 위해 필요한 재정자원을 합리적이고 계획적으로 동원하고 배분하고 효율적으로 사용하고 관리하는 과정을 의미한다. 재정관리의 절차는 예산(재정계획)을 수립하고(예산수립), 예산상의 수입(세입)과 지출(세출) 활동을 관리하고(예산집행), 재정자원의 수입과 지출에 관한 사항을 기록·정리하고(회계), 재정관리의 전반적인 과정을 평가(재정평가)로 이루어진다. 일반적으로 재정관리는 국가, 지방자치단체, 기타 공공기관이 공공의 수요를 충족하기 위하여 이루어지는 것으로 공공부문에서 재정관리는 세입창출(조세징수), 분배(공공예산), 지출로 구분된다. 그리고 사회복지사업에 있어서 재무행정은 목표에 의해 수입과 지출의 우선 순위를 정한 예산에 따라 관리한다.

사회복지행정에서의 재정관리는 사회복지의 모든 조직에서 매우 중요하게 다루어야 할 부분인데 그 이유는 재원확보와 조달은 조직의 존립을 위해 반드시 필요한 요건이며, 효율적이고 투명한 재정관리는 재원을 제공하는 사람들의 욕구라고도 할 수 있다. 또한 조직내 사업기획의 과정과 평가과정에서도 중요한 영향력을 가지는 것이 재정이기 때문에 그의 관리는 매우 중요하다고 할 수 있다. 재정관리를 통해 사회복지기관은 목표달성을 촉진하고 전문직의 윤리 및 지역사회의 수준과 일치하는 방향에서 재원과 다른 부족한 자원을 통제하고 계획적으로 사용하게 된다. 그리고 사회복지행정가가 재무계획, 기금조성, 부채관리, 예산편성, 지출통제과정과 관련한 여러 일들에 관여하고 있다.

그리고 사회복지재정은 국민의 권리에 기초하여 사회복지의 공동소비를 사회전체의 문제로 고찰하면서 경제적 효율을 기본적으로 중시한다. 따라서 사회복지행정에서의 재정관리목적은 사회복지법, 사회복지법 시행령, 사회복지법 시행규칙 등에 의거하여 경비를 조달·지출·관리함으로써 기관의 목표달성을 촉진하고자 하며 동시에 효과적인 사회복지를 실시하는 데 있다.

2) 사회복지재정의 특성

사회복지조직은 자원의 의존성이 매우 높다. 이는 사회경제의 불안에 대한 대안으로 국가가 국민의 생활안정을 국민의 권리에 기초하여 재정자원을 부담하고 있는데 기인한다. 자원배분에 대한 의사결정이 정치적으로 이루어지기 때문에 경제적 효율성을 고려하여 국가가 재정적 책임을 소홀히 할 경우 사회복지의 소비문제는 사회문제로 등장할 가능성이 크다. 이에 사회복지재원에 관한 주요 특징을 살펴보면 다음과 같다.

첫째, 사회복지조직은 재원의 지속적인 조달을 직접적으로 통제할 수 없으며 통제하려 하지도 않는다. 법적으로 위임된 서비스라 할지라도 재정할당정도를 스스로 정할 수 없고 입법기관에서 정해주어야 한다. 이로 인해 수입을 늘릴 수 있는 홍보, 마케팅, 기타의 시도를 하게 될 경우 비난을 받을 수도 있다.

둘째, 사회복지조직은 매우 다양한 재원을 갖는다. ① 정부로부터 직접적으로 받거나 계약의 형태로 지원받는 정부보조금, ② 협찬후원금, 직접적인 개별기부, 종교기관의 기부 등의 재단지원금, ③ 대여, 상품판매 등 수익사업에 의한 이용료 등의 서비스요금, ④ 바자회, 퇴직금, 적립금 투자 등 기타 특별행사나 기능, 투자 등의 재원이 있다.

셋째, 재단에 사업제안서 제출, 정부와 계약관계 맺기, 기부자에게 후원금을 요청하기, 공동모금회 회원단체들과 연대 모금행사에 참여하기, 클라이언트에게 요금을 지불하도록 마케팅에 힘쓰기, 기부금품을 모집하기, 접수받고 특별행사를 조직화하기 등 다양한 방법으로 재원확보에 노력한다.

특히 사회복지재정에 대한 국가의 재정적 책임은 다음과 같이 분야별로 나누며. 이들은 각기 다른 특성을 나타내고 있다.

① **공적부조** : 사회경제의 불안에 대한 대책으로 효과적인 재정이라 할 수 있지만, 국가의 재정규모에 제약을 받는다.
② **사회복지서비스** : 아동, 장애인, 노인, 모자, 사회집단, 사회환경 전체를 대상으로 하고 있으며, 재정지출의 경제적인 효과는 소비적, 사회전체의 자질향상 등 장기적인 효과를 가져 온다.
③ **사회보험** : 피고용자와 사용자가 보험료를 부담하며 국가는 행정비와 지역건강보험 급부재원의 일부를 국가부담으로 지원한다. (건강보험, 산업재해보상보험, 고용보험, 국민연금)
④ **급부형태에 따른 특성** : 해결이 필요한 문제유형에 따라 화폐 형태의 급부, 서비스 형태의 급부로 구분된다.

사회복지재정에 대한 이와 같은 다양한 정부의 지원은 각종 사업계획을 뒷받침한다. 다만 한정된 예산으로 인해 사회복지사업은 사업의 운영에 제약을 받고 있기 때문에 어떤 사업을 우선적으로 해야 할 것인지 등에 대한 문제에 부딪히기도 한다. 따라서 사회복지재정을 관리할 때는 최소한의 자원으로 최대의 효과를 얻을 수 있도록 운영하는 것이 필요하기 때문에 사용가능한 자원을 최대한 늘리고 일정한 재원을 목표에 따라 합리적으로 사용하는 행정기술을 익히는 것이 중요하다.

2. 예산의 종류와 원칙

1) 예산의 종류

사회복지의 재정관리는 예산을 통하여 그 기능을 수행할 수 있다. 예산이 성립되지 않으면 사업을 실시할 수 없기 때문에 사회복지행정과정은 예산에 맞춰 사업계획을 수립하는 경우가 종종 발생한다. 예산이란 일정기간, 즉 회계연도에 걸친 조직의 수입 및 지출에 관한 예정액 혹은 사업계획안이다. 특히 사회복지법인의 예산은 『사회복지법인 재무회계규칙』이 정하는 바에 따라 법인이 일정한 규칙과 형식에 의해 편성하고 이사회 또는 예산에 대한 심의의결기구의 심의 의결을 거쳐 1회계연도 기간 동안의 확정한 재정계획을 말한다.

예산은 크게 일반회계예산과 특별회계예산이 있는데, 우리나라 대부분의 사회복지예산은 예산단일의 원칙을 가장 중요한 원칙의 하나로 들고 있다. 이는 일정기간에 걸친 국가의 수입 지출의 예정액 또는 계획안으로서 국가의 재정수요와 이에 충당할 재원을 대조하고 안배한 1회계연도의 세입·세출의 예정계산서로서 국회의 심의·의결을 거친 재정계획이다. 그러나 사회복지사업의 내용이 복잡해지고, 활동의 영역이 다양해짐에 따라 예산의 단일화 원칙에 충실하는 것이 오히려 불합리한 결과를 가져올 수도 있다.

특별회계는 특정한 수입과 지출을 구분하여 처리하기 위하여 일반 회계와 독립된 별개의 세입·세출 예산으로 특정한 사업을 하는 경우나 특정한 자금을 보유하여 운영을 하는 경우 또는 기타 특정한 세입을 가지고 특정한 세출에 충당하는 경우이다. 따라서 사업에 필요한 자원을 어떻게 확보하는가의 문제는 사회복지행정의 해결과제가 되고 있다.

2) 예산의 원칙

예산의 원칙이란 예산의 과정, 즉 예산수립, 집행과 결산 및 회계감사 과정에서 지켜야할 준칙이라고 할 수 있다. 예산의 원칙 중에는 헌법이나 예산회계법에 명문으로 규정되어 있는 것도 있고 선언적 성격을 지니는 것도 있다. 우리나라는 『사회복지법인 재무회계규칙』에 의해 그 통일성과 행정의 표준화를 기하고 있다. 예산은 입법부에 의해 통제를 받게 되는데, 조직의 세입·세출에 관한 계획안은 다음과 같은 원칙하에 이루어져야 한다. 이 원칙은 가장 전통적인 것으로 조직이 자의적으로 운영하지 않도록 하기 위한 회계적인 통제수단이라 할 수 있다.

① **공개의 원칙** : 예산의 편성, 심의, 집행과정의 주요단계는 국방·국가정보 등 보안에 관련된 사항을 제외하고 모두 공개되어야 한다.

② **명료성의 원칙** : 예산은 모든 국민이 쉽게 이해할 수 있도록 수립되어야 한다.

③ **포괄성의 원칙** : 예산은 총계주의원칙에 입각하여 모든 세입, 세출을 포괄해야 하며 정부의 모든 활동을 나타내야 한다.

④ **예산통일성의 원칙** : 모든 세입은 하나의 일반기금으로 납부되고 여기서 모든 세출이 나와야 한다. 추경을 무리하게 편성하거나 추경을 예상하고 예산을 편성하는 것은 총계주의 원칙에서 벗어나는 것이므로 주의하여야 한다.

⑤ **명세성의 원칙** : 예산수지는 구체적이고 명세적으로 제시되어야 한다. 이는 예산의 목적 외 사용금지, 계산된 예정금액 이상의 지출금지, 연도경과금지 등을 포함한다.

⑥ **사전승인의 원칙** : 예산은 집행에 앞서 국회의 심의 및 의결을 받아야 한다.

⑦ **정기성의 원칙** : 지출권한을 일정기간에 한하여 부여하여야 한다.

⑧ **정확성의 원칙** : 예산의 추계는 결산과 일치해야 한다.

3. 재정관리과정

사회복지재정의 관리는 예산수립, 집행과 결산, 평가 등의 과정을 거치게 된다. 사회복지재정의 관리과정을 구체적으로 살펴보면 다음과 같다.

1) 예산수립

예산은 일정기간에 예상되는 수입과 의도한 사용을 목록화하는 중요한 도구로, 예산수립은 조직의 특정 목표를 달성하기 위해 필요한 비용을 추정하는 과정이다. 즉 실시하고자 하는 프로그램을 계획할 때 그를 뒷받침할 재정상태를 검토하는 것이다. 이는 조직의 목표를 금전적으로 표시하고, 일정기간동안의 재정활동을 감시하는 장치로도 이해할 수 있다.

(1) 예산수립절차

예산수립은 조직의 목표달성을 위한 프로그램의 기획 및 관리과정이며 동시에 조직을 변화시키는 것이라고도 할 수 있다. 반면 사업에 필요한 예산을 확보하지 못하면 목표달성에 차질이 생길 수 있기 때문에 사업계획에 따르는 재정적인 부담을 미리 조사하는 것도 중요하다. 일반적으로 예산수립절차는 전년도 예산을 기준으로 하고 있고, 이는 합리적인 것으로 보이기도 한다. 그러나 이는 사업의 다양성 혹은 내용을 무시하는 것으로 보일 수도 있고, 조직의 목표달성을 위해서도 바람직하다고 할 수도 없다. 따라서 예산편성의 과정이 다음과 같이 네 단계를 거쳐 이루어질 수 있도록 한다면 보다 효율적일 수 있을 것이다.

① **1단계** : 해결하기 위한 문제와 대상집단을 정의하고 달성하고자 하는 목표와 그에 따른 세부목표를 설정한 후 프로그램 모델 혹은 개입들이 실제로 성취될 수 있는지를 결정한다. 목표를 설정할 때는 기존목표를 재검토하고 필요한 경우 새로운 목표를 설정하도록 한다. 목표에는 단기적이고 구체적인 목표와 장기적이고 일반적인 목표가 있는데 단기목표는 장기목표와 일치하고 있는지를 검토해야 한다. 그리고 예산은 주로 단기목표에 초점을 두고 수립하도록 하고, 장기목표와의 관계도 계속적으로 살펴보아야 한다.

② **2단계** : 정부, 지방자치단체의 지원금 또는 후원금 등의 세입과 사업비, 인건비 등의 세출을 산정한다. 조직의 단기 또는 장기목표를 달성하기 위한 가용자원에 대한 검토로 다양한 수입원에 대한 정보를 수집하고 동원가능한 자원을 목표달성을 위해 사업단위별 세입·세출에 대한 예산안을 잠정적으로 확정한다.

③ 3단계 : 프로그램 수행이후 실제 수입과 지출을 조정 또는 수정한다. 사업계획과 예산계획에도 불구하고 재정원천으로부터의 수입이 불확실하면 사업계획과 예산계획을 확정할 수 없다. 따라서 2단계에서 잠정적으로 확정한 예산안을 기준으로 하여 가능하다고 생각되는 재정원천과 접촉하여 수입을 확인하고, 재정자원을 확보하는 노력을 해야 한다. 그리고 확보가능한 자원정도에 따라 예산안을 수정한다.

④ 4단계 : 수입의 확인이 이루어지면 수입예산 및 지출예산을 최종적으로 예산안을 확정하고 공고한다.

현재 사회복지행정에서 다루는 예산수립의 절차는 사회복지법인 재무회계규칙에 명시된 규정에 따라 각 단계별로 사회복지법인의 대표이사에 의해 이루어지고 있음을 다음의 표에서 알 수 있다.

〈표 1〉 예산의 수립과정

주요 내용	주 체	일 정
○ 필요하다고 인정하는 사항에 관해 예산편성요령을 법인에 통보	시 · 군 · 구청장	회계연도 개시 2월전
⇩		
○ 법인 및 시설의 예산편성요령 작성	법인대표이사	회계연도 개시 1월전
⇩		
○ 회계별 예산 편성(법인회계, 시설회계, 수익사업회계)	법인대표이사	
⇩		
○ 이사회의 예산 의결	이사회 의결	
⇩		
○ 시 · 군 · 구청장에게 예산안 제출	법인대표이사	회계연도 개시 5일전
⇩		
○ 법인과 시설의 회계별 세입 · 세출 예산개요를 시 · 군 · 구, 법인, 시설의 게시판에 20일 이상 공고 ※ 게시판 공고는 일간신문 또는 「정기간행물의 등록 등에 관한 법률」 제2조제1호의 규정에 의한 정기간행물에 게재로 갈음 가능	시 · 군 · 구청장 법인대표이사	예산 제출 후 20일 이내

출처: 보건복지부. 2008년도 사회복지시설관리안내. p. 112.

사회복지조직의 예산을 이처럼 단계별로 수립할 때 가용자원을 각 프로그램에 배분하는 것도 자원확보 못지않게 중요하기 때문에 사전에 고려해야 할 사항이다. 즉 어느 특정사업에 예산액이 많이 배분되는 등 배분이 제대로 이루어지지 않을 경우 각 사업부서별로 갈등이 발생할 수도 있고 이는 곧 조직의 목표달성도 어려워질 수 있기 때문이다. 따라서 예산수립절차과정에서 의사결정과정, 즉 각 사업부서장 또는 담당자와의 합의를 이루는 것도 중요하게 고려해야 할 사항이다.

(2) 예산수립의 내용과 유형

예산안은 조직의 목표를 달성하기 위해 필요한 경비를 계상해서 작성한 계획이며, 작성된 예산안을 보고 외부에서 조직 혹은 프로그램에 대하여 자원할당의 근거를 평가하게 된다. 예산편성을 위한 예산안에는 기본적으로 프로그램 목표에 대한 개요, 서비스에 대한 정의, 욕구인구와 서비스 활동수준에 관한 추정치, 프로그램 비용과 요청되는 자금 등이 포함되어야 한다. 이를 보다 효율적으로 편성하기 위해서 최근 들어 점차 프로그램별 예산에 대한 모델들이 개발되고 있다. 이를 품목별 예산, 성과주의 예산, 계획예산, 영기준예산 등으로 구분하여 설명하면 다음과 같다.

품목별 예산(LIB : Line-Item Budget)

품목별 예산은 단순하지만 간단하기 때문에 가장 오랜 기간 사용되고 있는 예산형식으로 다음 해의 계획된 총비용을 보여주기 위해 사용되는 기관의 총영역과 돈의 액수를 단순하게 목록화한 것이다. 대개 지난 회계연도와의 비교를 위해 각 항목별로 지난 해의 예산금액을 제시하기도 한다. 품목별 예산은 4가지 단계로 이루어지는데, 1단계는 품목별 예산의 표준화된 형태를 설계하고, 2단계는 공통적인 예산정의와 용어를 개발한다. 그리고 3단계에서는 모든 수입과 지출을 명확하게 산정하고, 마지막 4단계에서는 그 예산을 평가한다. 이 예산에는 급여와 부가급여(수당), 출장비, 전화비, 각종 경비, 사무용품비 등의 소모품 등을 전년도 예산을 근거로 일정한 양만큼 증가시키는 점진주의적 특성이 있다. 그러나 각각의 비용을 예년의 기준으로 맞추고 있기 때문에 프로그램 활동이나 성과 혹은 목표들과 연계하지 않는다는 문제점이 나타날 수 있다. 따라서 프로그램의 특정세부목표를 성취하기 위해 자원이 어떻게 공급될 것인지, 효과성은 어떠한지 등에 대한 정보를 제공하는 데에는 어려움이 있을 수 있다.

성과주의 예산(PB : Program Budget)

성과주의 예산은 프로그램예산이라고도 하는데 이는 지출을 프로그램의 실행결과 나타날 것으로 예상되는 성과에 연결하는 것이다. 즉 예산을 기능별, 사업계획별, 활동별로 분류하여 편성하는 것으로 사회복지조직에서 구입하는 물품, 용역보다 수행하는 업무에 중점을 두는 관리지향의 예산제도이다. 이 예산에는 조직의 다양한 프로그램의 목표마다 가격을 매기는 것으로 조직활동의 목표와 효과성에 중점을 둔다. 따라서 자원을 필요로 하는 프로그램이 목표성취를 위해 드는 비용을 계산한 것으로 일반인들이 기관의 사업과 목적을 이해하는데 도움을 줄 뿐만 아니라 자원을 제공하는 기관들에게는 유용한 정보를 제시할 수 있다. 다만 업무측정단위와 단위원가를 산출해 내는데 어려움이 있기 때문에 사회복지조직들에게서 나타나는 목표의 불명확성, 개입기술의 불확정성, 성과에 대한 평가의 어려움 등이 있을 수 있으며, 많은 시간과 비용이 요구된다는 것도 한계로 작용한다.

기획예산(PPBS : Planning and Programming Budgeting System)

기획예산은 성과주의예산을 확대시킨 것으로 구체적인 목표를 성취하여 발생하는 성과를 화폐적인 단위로 환산하여 편익으로 나타낸다. 이는 예산의 통제지향과 관리자지향으로부터 한걸음 더 나아가 계획지향, 기획지향적인 입장에서 장기적인 계획수립과 단기적인 예산편성을 프로그램 작성을 통하여 유기적으로 결합시킴으로서 자원배분에 관한 의사결정을 하는 것이다. 따라서 기획예산은 목표의 정확한 파악이 있어야 하며, 목표가 설정되면 이를 달성하기 위해 능률적이며 체계적으로 각종 대안을 검토할 수 있어야 하고, 현재 내리는 결정에 대한 미래의 비용도 포함되어 있어야 한다.

이를 위해 기획예산은 문제상황, 계획책정, 사업계획. 예산편성 등의 과정을 거치는데 이로써 조직의 목표를 보다 정확하게 파악할 수 있다. 그리고 여러 목표 가운데서 가장 긴급한 것을 선택할 수 있으며, 목표달성을 위한 효율적인 수단의 분석이 가능하다. 또한 합리적 의사결정이 가능하기 때문에 장기적 사업계획에 대한 객관적 신뢰도가 높다고 할 수 있다. 그러나 이 예산은 편익과 비용을 화폐단위로 산출해 내는 것이 어려우며, 가능하다 할지라도 많은 비용을 예상해야 한다. 또한 이 예산형식의 사용으로 인해 수단이 목적을 좌우하게 될 위험성과 편익과 비용에 대한 지나친 분석으로 인해 사회복지조직들로 하여금 보다 쉽게 수량화 할 수 있는 목적만을 수립하게 만들 수도 있다.

영기준예산(ZBB : Zero-Based Budgeting)

영기준예산은 예산이 전년도의 예산에 대해 점증식으로 책정되어 매년 반복되는 현상에 대처하기 위한 목적으로 사용되어져 왔다. 이 예산은 기관의 모든 사업에 전년도 예산을 고려하지 않고 신청된 예산들의 이전까지의 편성근거를 원칙적으로 0(zero)에 놓는다. 그리고 비용 및 편익 분석, 비용효과성을 분석하고 사업의 우선순위를 결정하며 이에 따라 예산을 편성하는 제도이다. 즉 영기준예산은 목표의 효율적인 성취에 중점을 두고 있기 때문에 어떠한 목적을 세울 것인가에 최대의 관심을 기울이며, 집중적으로 예산을 편성하는 방식이다. 따라서 예산편성시 재정운영과 자금배정의 탄력성을 유지할 수 있으며, 사업의 효과성을 향상시킬 수 있다.

2) 예산집행과 결산

예산안이 확정되면 예산의 기능은 자원을 확보하기 위한 수단에서 조직의 목적을 달성하기 위한 업무진행을 지원하는 수단인 예산집행으로 변화된다. 예산집행은 수입·지출을 실행관리하는 모든 행위를 의미하며, 예산에 계상된 이외에 지출원인 행위 및 예산성립 이후 발생할 수 있는 세입·세출 전부를 포함하는 수입·지출을 실행관리하는 행위이다. 즉 예산집행과 결산과정은 수입·지출에 관한 관리나 통제뿐만 아니라 회계통제, 산출통제, 관리행위통제까지 포함하고 있다.

(1) 예산집행의 원칙

예산집행은 세입 · 세출예산이 담고 있는 정책목표와 프로그램을 성취하는데 필요한 수입과 지출을 실행하는 일체의 행위를 말한다. 예산집행의 원칙은 다음과 같이 9가지로 설명이 가능하다.

① 개별화의 원칙으로 재정통제체계는 개별기관 자체의 제약조건, 요구사항 및 기대사항에 맞게 고안한다.

② 강제의 원칙으로 재정통제체계는 강제성을 띠는 어떤 명시적인 규정이 있어야 한다. 강제성이 때로는 개별성을 무시할 수 있으나 강제성이 없는 규칙은 효과성이 적을 수 있다. 이에 규칙의 동일한 적용을 통한 공평성과 활동을 공식화하는 것이다.

③ 예외의 원칙으로 규칙에는 반드시 예외사항을 고려해야 하고 그런 사항이 적용되는 다른 규칙도 있음을 명시한다.

④ 보고의 원칙으로 재정활동에 대한 보고의 원칙이 없으면 재정관련행위를 공식적으로 감시하고 통제할 수 없다. 즉 예산의 남용이나 개인적 유용, 항목변경 등의 사실이 있는데도 보고되지 않으면 재정활동에 큰 문제가 발생할 수 있다.

⑤ 개정의 원칙으로 규칙은 대개 일정기간 동안만 적용할 수 있도록 제한되어 있거나 적용할 때 부작용이 나타날 경우를 대비해 일정기간이 지난 후에는 규칙을 새롭게 개정할 수 있어야 한다.

⑥ 효율성의 원칙으로 통제에는 시간과 비용이 많이 드는 경우가 있기에 이런 통제는 비용과 노력을 최소화하는 정도에서 이루어진다.

⑦ 의미의 법칙으로 효과적인 통제가 되기 위해서 규칙, 기준, 의사소통 및 계약 등은 관계되는 모든 사람들이 잘 이해할 수 있도록 전달되어야 한다.

⑧ 환류의 법칙으로 재정통제체제에 관한 여러 가지 부작용 및 장단점 등을 관련자들로부터 들어서 개정과 개선의 기초가 되어야 한다.

⑨ 생산성의 원칙으로 재정통제는 효과적으로 전달되도록 하기 위한 수단이므로 이로 인해 서비스전달이라는 생산성에 장애와 갈등이 발생하지 않도록 유의해야 한다.

(2) 예산집행을 통제하는 기제

예산집행을 통제하는 기제는 다음과 같이 7가지로 구분하여 설명할 수 있다.

분기별할당

수입예산이 계획대로 들어오지 않거나 특정기간에 집중적으로 들어오는 경우 수입과 지출을 분기별로 조절하여 균형을 유지해야 한다.

지출의 사전승인

일정액 이상의 지출을 할 경우 최고관리자의 사전승인을 받도록 하거나 또는 지출액수에 따라 중간관리자의 사전승인을 받도록 하여 예산의 균형을 유지하거나 지출의 억제효과를 기대한다.

지출의 취소

예상된 재정원천으로부터 수입이 인가되지 않거나 예상된 수입액이 입금되지 않을 경우 자금지출을 일시적 또는 최종적으로 취소한다.

재정현황의 정기보고

관리자는 월별, 분기별로 재정현황을 보고받고 검토해야 한다. 보고서 내용은 수입 및 지출현황, 변제비용, 인원당 비용, 서비스 단위당 비용 등이 포함되어야 한다.

대체

회계연도 말경 재정이 사업별 또는 계정별로 과다지출이 되었거나 과소지출이 된 경우 과다지출분을 과소지출분에서 대체한다.

지불연기

조직 내 · 외부로 부터의 지불요청에 대하여 지불요청자의 양해를 얻어 최대한 지불연기를 함으로써 수입예산이 입금되기까지 여유를 얻는 것이다.

차용

수입예산이 계획대로 확보되지 않은 경우 은행 또는 정부기관, 사회복지관련 등의 특별단체로부터 자금을 빌려 지출을 하는 것이다.

(3) 결산

결산은 한 회계연도 내에 발생한 모든 수입과 지출을 확정적인 계수로 표시하는 절차로 세입과 세출결산보고서 또는 수입·지출결산서는 중앙관서의 장이나 법인의 대표이사, 시설의 장이 작성하므로 예산집행과정의 마무리 단계라 할 수 있다. 결산은 법인의 경우 이사회의 의도대로 법인이나 시설이 예산을 집행하였는지를 규명하고 흑자나 적자의 크기를 확인하고 결산결과를 다음의 예산에 반영시키기 위해 반드시 필요하다고 할 수 있다. 최근에는 세입·세출예산의 개요 및 사용내역에 대한 사항을 정기간행물에 게재하거나 기관 및 조직의 홈페이지 등에 게시하는 경우가 많아지고 있다. 이로써 사회복지사업과 관련한 정부의 지원금 또는 후원금 등이 사업계획에 따라 제대로 사용되었는지를 점검받을 수 있다.

3) 평가

사회복지재정은 평가과정을 통해 그 책임성을 보장받아야 한다. 재정평가는 프로그램의 운영 및 목표달성에 대한 지출의 상태를 평가하는 것으로 지출이 계획에 따라 사용되었는지를 확인하는 것으로 예산수립과정부터 결산까지의 모든 과정에 대해 이루어진다. 따라서 예산수립에 따라 재정이 집행되었을 경우에는 이상이 없는 것으로 평가되어질 수 있다. 한편 예산에 따라 집행이 이루어졌다하더라도 사업의 목표를 달성하지 못했을 경우에는 예산수립 및 집행에 오류가 있다고 판단하여 평가는 부정적으로 나타날 수도 있고, 그 결과에 따라 다음 회계연도의 예산수립내용에서 수정이 이루어진다. 이처럼 재정평가는 다음 회계연도의 사업계획, 예산수립, 집행의 모든 과정에 영향을 미칠 수 있는 것이므로 매우 중요한 과정이다.

4. 회계감사

1) 회계의 개념

회계는 예산에 의해 계획된 수입과 지출의 관계와 변동되어진 사항, 즉 금전, 물품, 기타 재산 등의 출납과 보관 및 관리 등 회계정보를 정리 · 기록하는 것이다. 이를 통해 자금이 계획된 대로 쓰여지고 있는가, 지출이 초과되지는 않았는가, 사업내용에 따른 지출비용은 적절했는가 등을 확인하는 것이 회계의 목적이다. 다시 말하면 회계는 조직의 재정적 활동과 수지에 관한 사실확인으로 재정적 거래를 분류, 기록, 요약하고 그 결과를 해석하는 표준화된 기술적 방법인 것이다. 사회복지행정에서의 재무회계는 사회복지사업법 제23조 제4항 및 제45조 제2항의 규정에 의해 사회복지법인의 재무·회계 및 후원금 관리에 관한 사항을 규정하여 재무·회계 및 후원금 관리의 명확성과 공정성 · 투명성을 기함으로써 사회복지법인의 합리적인 운영에 기여함을 그 목적으로 한다.

회계는 목적에 따라 재무회계와 관리회계로 구분한다. 재무회계는 내부 및 외부정보이용자의 경제적 의사결정에 유용하도록 일정기간의 수입과 지출사항을 측정 보고하는 것이다. 그리고 관리회계는 행정책임자가 행정적 의사결정을 내리는데 필요하도록 재정관계 자료를 정리한 것으로 예산단위의 비용을 계산하여 예산의 실행성과 분석하는 것을 주요 내용으로 한다.

2) 회계활동

회계활동에는 여러 가지가 있을 수 있으나 대개의 경우 기록업무, 정리업무, 재정보고서의 작성 및 발행과 같이 업무를 기록하는 것으로 이루어진다.

① 기록업무는 수입과 지출에 관한 사항을 회계원칙에 따라 장부에 기록한다. 따라서 관·항·목에 따라 인사비용, 사업비용, 운영비용 등을 기록하게 된다. 감사과정에서는 각각의 것들이 제대로 기록되어있는지, 항목설정은 제대로 이루어져있는지 등을 살핀다. 기록들이 제대로 이루어지면 예산의 결산 또는 회계감사 등이 어려움없이 이루어질 수 있고 평가도 긍정적일 수 있다.

② 정리업무는 장부기록사항을 월별 또는 분기별로 주기적으로 정리하는 것이다. 이는 모든 회계제도가 주기적으로 종결이라는 절차를 통해 이루어지는 것을 뜻한다. 월별 또는 분기별로 통합된 업무 및 재정항목들은 다음 분기로 넘어가는 과정에서 업무의 정확성을 검증하는 수단이 될 수 있다. 따라서 정확하게 기록되어있는지, 수입과 지출이 계획대로 지출되어있는지를 살펴보고 사업계획에 따른 균형있는 지출이 가능하도록 한다.

③ 재정보고서 작성 및 발행은 회계활동에서 마지막으로 이루어지는 것으로 조직의 재정상태를 정기적으로 파악하기 위한 것이다. 재정보고서는 조직의 재정담당자, 지역사회 또는 조직에 자원을 후원하는 사람들에게 배포되기 때문에 반드시 필요하다. 또한 지역사회와 후원자들에게 조직의 사업활동과 재정활용에 대한 내용을 알려주는 것은 조직의 재정지출에 대한 책임성을 의미하는 것으로 중요하다고 할 수 있다. 이러한 보고서를 통해 후원자의 지속적인 지원을 받을 가능성을 높일 수 있으며, 투명한 자원활용에 대한 신뢰도도 높일 수 있다. 따라서 재정보고서는 누가 보아도 이해할 수 있도록 분명하게 기록되어야 한다.

회계감사를 받기위해 사용하는 세입·세출에 관한 기록보고서 작성은 다음의 예시표를 참고할 수 있다. 예시된 세입·세출명세서는 예산에 가장 중심이 되는 내용으로써 한 회계연도의 모든 수입과 지출의 예정액이 표시되며, 법인과 시설의 주요사업계획 및 소요내역 등이 모두 이 표를 통해 계리되고 운영된다.

〈표 2〉 세입 · 세출 총괄표(예시)

(단위 : 천원)

세입						
관	항	목	전년도 예산액(A)	당해연도 예산액(B)	증감(B)-(A) 금액	증감(B)-(A) 비율(%)
총계						
보조금수입	계					
	보조금수입	소계				
		경상보조금수입				
		자본보조금수입				
	후원금수입	소계				
		후원금수입				
이월금	계					
	이월금	소계				
		전년도이월금				
잡수입	계					
	잡수입	소계				
		이자수입				
		기타수입				
합계						

세출						
관	항	목	전년도 예산액(A)	당해연도 예산액(B)	증감(B)-(A) 금액	증감(B)-(A) 비율(%)
총계						
사무비	계					
	인건비	소계				
		급여				
		퇴직적립금				
		건강보험				
		국민연금				
	업무추진비	소계				
		기관운영비				
		회의비				
	운영비	소계				
		수용비및수수료				
		차량비				
사업비	계					
	사업비	소계				
		○○사업비				
		○○사업비				
잡지출	계					
	잡지출	소계				
		잡지출				
예비비	계					
	예비비	소계				
		예비비				
합계						

* 세입과 세출의 합계액과 증감액은 일치하여야 한다.

3) 회계감사

회계감사는 조직의 재정활동에 관한 제반기록과 보고의 업무로 재정기록의 정확성과 표준화된 양식을 얼마나 잘 지켰는가를 알고자 하는 것이다. 이는 일반적으로 사회복지서비스 기관에 있어서 지출이 교부금이나 계약의 요구사항을 얼마나 잘 따랐는가하는 것을 포함한다. 따라서 회계감사는 조직의 수입·지출의 결과에 관한 사실을 확인하고 검증하며 장부 및 기타 기록을 검사하는 행위로 이해할 수 있다.

회계감사는 규정준수 회계감사와 운영 회계감사의 두 종류로 구분한다.

① 규정준수회계감사는 기관의 재정운영이 적절한 절차에 따라 시행되었는지, 재정이나 다른 보고서들이 적절하게 구비되었는지, 조직에 적용된 각종 규칙과 규제들을 조직이 잘 지키고 있는지를 확인하는 과정이다. 이 감사의 본래 목적은 개인의 욕심으로 재원이 잘못 사용되는 것을 방지하고자 하는데 있다. 즉 규정준수 회계감사는 공적인 목적과 수단들이 점차 복잡하게 되면서 감사기능으로 확대된 것으로 이해할 수 있다. 다만 규정준수에 주로 초점을 맞추고 감사가 진행되기 때문에 실제 업무가 효과적이었는지, 혹은 효율적이었는지 등에 관한 여부에는 큰 관심을 보이지 않는다. 따라서 형식적이고, 절차에만 중점을 두고 이루어지고 있다는 지적이 있을 수 있다.

② 운영회계감사는 예산과 관련하여 바람직한 프로그램운영의 산출여부, 조직목표를 달성하는데 있어 효과성과 능률성 등의 문제에 관심을 나타내어 규정준수 회계감사의 약점을 보완한 감사종류이다. 따라서 운영회계감사는 의도된 결과나 편익을 달성했는지, 프로그램이 의도했던 목적들을 달성했는지, 혹은 적은 비용으로도 동일한 편익을 얻을 수 있었는지 등에 대해 살펴본다. 또한 자원이 경제적이고 효율적으로 관리·활용되고 있는지 등 예산비용 대비 결과물에 대한 것을 상세하게 분석하게 된다. 한편 프로그램의 목표달성과 경제적인 효율성을 점검하는 운영회계감사를 적절하게 수행하기 위해서는 이 과정에 참여하는 행정관리자들이 재정관리에 대한 전문가이거나 최소한의 기초지식을 갖추고 있어야 한다.

5. 사회복지재정의 확충방안

사회복지조직의 재원은 크게 공공재원과 민간재원으로 구분하며, 공공재원에는 정부보조금이 민간재원에는 후원금, 프로그램 이용료 수입 등이 포함된다. 정부의 보조금은 전체 정부예산 중에서 복지예산을 편성하는 것과 중앙정부와 지방자치단체가 재정부담을 함께 하는 것이다. 우리나라 대부분의 사회복지법인은 자체 재정이 빈약하여 그 운영비의 대부분을 국가보조금에 의지하고 있는데 시설운영을 위한 실제 예산을 정부보조금에 의지하고 있다. 한편 정부의 복지과제를 민간사회복지조직을 통해 행함으로써 민간의 융통성과 전문성을 활용하고자 하는 목적에서 후원 등 직접적 모금과 모금을 통한 배분 또는 프로그램 이용자 부담금 등을 통해 확보하는 것은 민간자원이라 한다.

1) 공공재원

공공재원은 법률상 정부 또는 지방자치단체가 부담하는 것으로 명시되어있는 보조금 및 위탁금 등의 공비로 국가, 지방자치단체는 사회복지시설의 설치 또는 운영에 필요한 비용 중 일부를 매년 예산의 범위 안에서 보조한다. 이는 공적 책임으로 하는 사회복지행정에 필요한 비용으로 국가 또는 지방자치단체가 주체가 되어 실시하는 사업에 대한 보조이다.

보조금

보조금은 사회복지기관 및 시설을 운영하는데 있어 가장 많은 비중을 차지하고 있는 중요한 재정자원이다. 사회복지기관 및 시설의 운영에 필요한 비용의 보조비율은 보조금의 예산 및 관리에 관한 법률시행령 제5조에서 정하는 바에 의한다. 그리고 법 제9조에 의하여 보조금의 지급대상이 되는 지방자치단체의 사업 및 기준보조율은 당해 회계연도의 국고보조금, 지방비부담액, 국가의 재정융자금으로 조달된 금액 및 수익자가 부담하는 금액, 기타 예산청장이 정하는 금액을 모두 합한 금액 중 국고 보조금이 차지하는 비율을 적용한다. 그리고 법 제10조의 규정에 의하여 기준보조율에 일정율을 가산하는 차등보조율은 기준 보조율에 20%, 15%, 10%를 각각 가산하여 적용한다. 그 외에도 보조금 관련법률은 예산회계법, 보조금의 예산 및 관리에 관한 법률, 사회복지사업법, 사회복지법인 재무회계규칙, 각종 사회복지사업안내지침 등이 있다.

보조금의 지급대상

사회복지사업법 제42조에 따르면 국가 혹은 지방자치단체는 사회복지사업을 수행하는 자 중 대통령령이 정하는 자에 대하여 필요한 비용의 전부 또는 일부를 보조할 수 있다. 대통령령이 정하는 자는 동법 시행령 제20조에 사회복지법인, 사회복지사업을 수행하는 비영리법인, 사회복지시설 보호대상자를 수용하거나 보육·상담 및 자립지원을 하기 위하여 사회복지시설을 설치·운영하는 개인으로 명시되어 있다.

보조금의 사용제한

정부의 보조금은 사회복지 증진에 대한 국가책임이 현실적으로는 대부분 민간법인에 의한 시설보호사업으로 이루어지고 있다. 따라서 국가의 책임은 민간법인에 대한 보조금의 형태로 이루어진다. 이러한 정부의 보조금은 그 목적 이외에는 사용하지 못하며, 법인회계 및 시설회계의 예산은 세출예산이 정하는 목적 외에 이를 사용하지 못하는 것이 원칙이다(보조금의 예산 및 관리에 관한 법률 제22조). 따라서 보조금을 사업목적이외의 다른 용도에 사용하거나 법령의 규정, 보조금의 교부결정의 내용 또는 법령에 의한 중앙관서의 장의 처분에 위반한 때 및 허위의 신청이나 기타 부정한 방법으로 보조금의 교부를 받은 때에는 보조금의 교부결정의 전부 또는 일부를 취소할 수 있다(동법 제30조 제1항). 그리고 보조금의 교부결정을 취소한 경우에 그 취소된 부분의 보조사업에 대하여 이미 보조금이 교부되어 있을 때에는 기한을 정하여 그 취소한 부분에 해당하는 보조금을 반환해야 한다(동법 제31조 제1항). 다만 사정의 변경으로 보조사업의 내용을 변경하거나 보조사업에 소요되는 경비의 배분을 변경하고자 할 때에는 중앙관서의 장의 승인을 얻어야 하는데, 중앙관서의 장이 정하는 경미한 사항은 승인이 없어도 사용이 가능하다(법 제23조).

2) 민간자원

(1) 민간자원의 종류

민간자원은 공동모금, 후원금, 프로그램 이용료, 기관의 수익사업, 법인의 자체조성기금 등으로 구분할 수 있다. 그중 대표적인 자원인 후원금은 개인이나 조직으로부터 나온 사적기여로 이는 사회복지영역에서 오랜 기간 중요한 자금원으로 이해되고 있지만 후원금의 액수는 매년 일정하지 않아 사업을 진행하는데 어려움이 따른다. 따라서 최근에는 후원금확보를 위해 마케팅전략을 강조하고 있다. 마케팅전략은 사회복지조직들이 자발적인 기부자의 확보를 통한 재원의 확보를 위해 노력해야 하는 것을 의미한다.

사회복지조직들이 후원을 통한 민간의 재원을 확보하기 위한 기본원리는 다음의 3가지가 있다. ① 조직의 임무와 클라이언트에게서 바라는 성과가 명확해야 하며, ② 재원의 잠재적인 출처가 되는 정부관료, 입법자 및 개인과 자주 접촉해야한다. 그리고 ③ 고도로 발달된 프로그램의 설계기술이 필요하다. 체계적이고 지속적인 재정확보를 위해서 최근에는 대중매체, 이벤트, ARS를 사용하거나 인터넷을 통한 모금이 이루어지고 있다. ARS를 통한 방법은 최근에 가장 활성화되어 있는 모금방법이다. 이 시스템을 통해 전화를 하면 일정금액의 후원금이 자동으로 전화요금에 부과되어 후원하는 방법으로 후원자는 적은 금액을 부담없이 손쉽게 후원에 참여하게 된다. 특히 정보화사회로 진입한 현재 우리나라는 인터넷을 통한 후원자 개발이 점차 활성화될 전망인데 모집기관들이 온라인상에서 후원요청을 하면 후원자들은 온라인상에서 후원금을 약속할 수 있다.

프로그램 이용료를 통한 재원조달에 대해서는 사회복지서비스가 기초적 생활욕구를 공급하는 것이기 때문에 무료 또는 실비로 지급되어야 한다는 주장이 오래전부터 제기되어왔다. 그러나 현재는 사회복지서비스의 급여는 무료급여가 원칙이 아니며, 복지서비스도 능력에 따른 수익자부담의 원칙이 공평하다는 관점에서 받아들여지고 있는 것이 일반적이다. 특히 경제성장이 둔화되어지고 복지국가가 위기에 처하게 될 경우 사회복지의 재정이 경직될 수 있는데, 이때 이용자 부담을 적정한 수준에서 책정하는 것은 사회복지서비스의 낭비를 막을 수 있다는 측면에서도 긍정적인 효과가 있다고 볼 수 있다.

특히 우리나라는 민간자원을 동원하기 위해 10여 년 전부터 사회복지공동모금회를 활성화시켜 모금이 가능하도록 하고 있다. 사회복지공동모금회는 국민의 상부상조정신을 기조로 하고 사회연대의식에 입각한 국민의 자발적인 모금활동을 전개하는 것이다. 이는 연중 지속적인 모금운동을 통하여 사회복지사업의 자원확보에 큰 기여를 하고 있을 뿐만 아니라 지역사회의 문제를 스스로 해결하고 있다는 사회복지의 실천적인 측면에서 그 의의는 매우 크다고 할 수 있다.

한편 기업의 사회참여의식을 강화하고자 기업의 사회복지사업에 대해서는 세재상의 혜택을 확대하고 있다. 즉 사회복지관련 지정기부금에 대한 면세조치를 확대하고, 조세감면규제법을 개정, 보완하면서 법인의 수익사업과 복지사업에 사용되는 것에 대해서는 비과세조치를 확대하고 있다.

(2) 민간자원의 관리

다양한 방법으로 확보된 모금자원은 지속적인 후원을 위해서 체계적인 관리가 이루어져야 한다. 후원자들은 자신이 후원한 금액의 많고 적음을 떠나 사회복지활동에 어떤 영향을 미쳤는지 알고 싶어 한다. 특히 최근 들어 각 기관마다 후원을 통한 재원확보에 경쟁이 치열해짐에 따라 지나치게 영리적인 형태라는 비난을 받기도 한다. 따라서 모금을 통한 후원금을 확보했을 경우 사업의 목적 및 내용 등에 대한 것을 후원자들에게 투명하게 공개함으로써 이러한 논란을 불식시켜야 할 필요가 있다. 즉 조직의 사업목표와 비전, 후원을 통한 문제해결, 앞으로 해결해야 할 과제 등을 포함한 내용들을 안내해줌으로써 후원자들의 만족도를 극대화시키는 노력이 필요하다. 동시에 후원자들을 사회복지에 대해 같은 목표를 가지고 있는 동역자로 인식시키고 사회복지활동에 참여시킬 수 있는 기회를 제공하는 것도 중요하다. 조직의 목표와 비전을 함께 공유하면서 대상자와 접촉할 수 있는 참여프로그램을 운영하게 된다면 복지를 통한 사회연대감까지 고취시킬 수 있을 것이며, 지속적인 후원을 기대 할 수 있다.

이를 위해 사회복지조직은 모금전문가의 확보가 필요하다. 전문가는 모금을 하기 전에 모금요청방법이나 해결 가능한 문제에 대한 사전이해를 익히고, 후원자들에게는 후원을 통한 사회변화의 가능성을 알릴 수 있는 내용에 대한 전문적이고 체계적인 교육을 받도록 하는 것이 필요하다. 이로써 다수의 사람들이 후원활동에 참여하도록 하여 복지사회를 활성화시키는 계기를 마련하도록 하는 것이다.

또한 수익사업을 통한 프로그램이용료는 기관에 필요한 자원을 스스로 마련할 수 있는 것으로 이를 극대화하기 위해서는 프로그램기획에 대한 전문기술이 필요하다. 즉 클라이언트에게 유용한 프로그램을 개발할 때 누가 그 사업을 책임지고 진행할 것인지, 자원봉사자의 도움을 받을 것인지 등을 고려하여 사업기획을 하는 것이다. 프로그램을 통하여 클라이언트도 자신의 개발을 위해 지지와 원조를 받을 수 있는 기회를 얻게 된다는 판단이 서게 되면 이용률도 높아질 것이고 이용료를 통한 사업자금도 확보할 수 있을 것이다.

결론적으로 사회복지예산은 수입과 지출의 균형이 이루어질 때 프로그램운영을 실행할 수 있게 한다. 즉 프로그램의 실행능력은 확보가능한 가용자원에 대한 분석과 확보를 위한 대응능력에 따라 결정되어진다고 할 수 있다. 따라서 프로그램운영을 위한 지속적인 자원확보력은 체계적인 전략을 갖고 접근해야 할 필요가 있다. 그러므로 사회복지행정가는 수입과 지출을 분석하고 예산을 점검하는 재정관리능력을 갖추고 있어야 할 것이다.

제9장 홍보와 마케팅

1. 홍보

1) 홍보의 개념

사회복지조직에서 홍보활동과 마케팅을 통해 지역사회와의 상호작용이 구체화된다.

따라서 일상적으로 행하고 있는 대중매체와의 관계에서 이를 활용하는 것은 매우 중요하다. 일반적으로 홍보라 함은 PR, 즉 대중관계(Public Relations)를 의미한다.

홍보(public relations)는 지역사회에서 조직과 집단간의 쌍방적 의사소통을 원활히 하는 것으로 조직의 능력과 이미지를 증가시키는 측면이 강하다.

또한 사회복지조직을 둘러싼 이해당사자들과 다양한 관계를 형성하는 노력을 의미한다. 따라서, 이러한 과정을 통해 자원을 개발하고, 이용자를 확보하며, 조직생존을 위한 지지를 얻기도 한다.

2) 효과적인 홍보 방법

스키드모어(Skidmore, 1995)는 효과적인 홍보를 위해 다음과 같이 제시한다.

① 목표가 무엇이며 어디에 있는가를 알아야 한다.

② 접근하고자 하는 대중이 누구인지 알아야 한다.

③ 획득 가능한 재원, 인력, 기술 등 자원을 평가한다.

④ 접근하고자 하는 대상에게 먼저 이익을 주어야 한다.

⑤ 선전이나 홍보, 팸플릿 등과 관련된 전문적이고 상세한 기술을 알아야 한다.

⑥ 절대적으로 정직해야 한다.

⑦ 감사를 표시해야 한다.

3) 사회복지기관 홍보활동의 중요성

① 사회복지기관 시설 및 이미지 홍보활동

② 자원봉사자 모집 홍보활동
③ 후원자개발 홍보활동
④ 프로그램 홍보활동

4) 홍보활동 매체

홍보활동에는 시각적 매체, 청각적 매체, 시청각매체 등이 있다.

① **시각적 매체**: 신문, 잡지, 회보, 책자, 팸플릿, 보고서, 유인물, 사진 등
② **청각적 매체**: 이야기, 좌담, 강연회, 라디오 등
③ **시청각 매체**: 영화, 텔레비전, 비디오, 인터넷, 연극. 공개토론, 대중 집회 등 이들 매체들은 각각 고유한 특성을 갖고 있고 효과도 다르기 때문에 특정한 목표 달성을 위해 가장 효과적이라고 판단되는 매체를 선택해야 한다.

5) 지역사회 홍보활동의 과업

① 홍보: 행정가는 자기기관 내부에서와 동시에 지역사회 전체와의 홍보의 중요성을 인식할 수 있도록 하여야 한다.
② 교육: 기관이 관여하고 있는 사회문제와 제공되는 서비스에 대해서 지역의 일반 대중을 교육시키는 일이 기관이 해야 할 중요한 과업이다.
③ 옹호: 지역사회 홍보활동에 있어서 사회복지기관의 주요 과업은 옹호자로서의 역할이다.
④ 대외추적: 대외추적은 독특한 교육적 과업으로서, 그 대상을 일반 지역사회주민이 아니라, 잠재적인 클라이언트를 위한 교육이다.

2. PR과 홍보

1) PR

PR은 신규 고객의 유치와 기존 고객의 재방문이라는 일석이조의 효과를 얻을 수 있는 중요한 수단이다. 상점 간의 경쟁이 치열해지면서 효과적인 마케팅의 중요성은 더욱 필요성이 높아지고 있지만, 현실적으로 비용이 많이 드는 광고를 집행하기는 어려운 상황이 되지만 PR은 잘만 활용한다면 큰 비용부담 없이도 효과적으로 이미지를 구축하고 우호적인 관계를 수립할 수 있다는 점이 있어서 적극적으로 시도해볼 만

한 가치가 있다.

(1) 개념

• PR은 'Public Relation'의 약자로서, PR은 구체적으로 말하면 '기관이나 단체가 제품·서비스·활동 등에 대해 이해관계자들로부터 호의 및 신뢰감, 인지도 등을 얻기 위한 일체의 커뮤니케이션 활동을 말한다, 또한 조직의 이념이나 상황을 사회에 올바로 알려서 조직과 사회가 원활한 관계를 형성하고 공생하도록 도모하는 일체의 활동' 이다.

(2) PR의 대상

'Public Relation'라는 PR은 사회복지기관이 연관된 모든 관계(Relations)들을 대상으로 한다. 따라서 주요 대상으로는 언론, 소비자, 직원 등 3개의 관계를 의미한다.

① 언론 관계

일반 공중에게 사회적으로 가장 큰 영향력을 행사할 수 있다는 점으로 언론은 중요한 PR의 대상이다. 언론매체가 형성하는 이미지는 본질적으로 공공 이미지이며 이러한 이미지는 여론에 영향을 미치고 여론은 또 민주국가의 모든 결정에 영향을 미친다. 이러한 맥락에서 볼 때 언론 관계는 매우 중요한 관리 대상이다.

② 클라이언트 관계

클라이언트는 서비스를 직접 이용하는 사람들로서, 이들이 사회복지기관에 대해 호의적인 성향을 가질 수 있도록 하는 것은 PR의 중요한 목표 중 하나가 된다. 광고를 통해 사회복지기관의 긍정적 이미지를 살리는 것뿐만 아니라, 캠페인, 이벤트 등을 통해서 호의적 태도를 갖도록 해야만 한다.

③ 직원 관계

직원관계는 조직의 효율성 달성과 관련해 볼때, 중요한 부분일 뿐 아니라 PR측면에서도 매우 중요하다. PR이라고 하면 보통 대외관계나 사회적 평판의 문제라고 생각이 되지만, 사실 PR의 최대 자원은 대내관계나 직원의 의식이다.

(3) PR의 과정

PR의 과정은 크게 '조사→계획→실행→평가'라는 4단계를 이룬다. 이론에 따르면 실행에 커뮤니케이션 단계를 포함시키기도 하지만, 기본적으로 4단계의 틀을 이룬다.

① 조사(Research)

문제에 따른 정의를 분석하는 단계로, 조직을 둘러싸고 있는 상황을 알아야한다. 특히 조직체의 활동에 대하여 영향을 받거나 그 활동에 관심을 갖고 있는 공중의 지식, 의견, 태도, 행동을 조사하여야 한다. 조사 단계는 본질적으로 조직체가 공중에 관한 정보를 수집하는 단계로서 '지금 무슨 일이 일어나고 있는가'를 확인함으로써 문제해결 과정에 따르는 나머지 세 단계들의 토대를 제공한다.

② 계획(Planning)

계획 및 프로그램 수립의 단계로서, 조사 단계에서 수집된 정보를 조직체가 갖는 정책, 프로그램의 목적 및 목표, 공중 활동 및 커뮤니케이션의 전략과 전술 등을 계획한다. 그리고 '조직체가 상황에 대해 알고 있는 것을 통해서 무엇을 변화시키고, 어떻게 행동하고, 무엇을 말 할 것인가'를 결정하는 단계이다.

③ 실행(Action)

실행은 행동하고 알리는 단계이며, 목적과 목표를 달성하기 위해 수립된 계획과 프로그램을 활동 및 커뮤니케이션을 통해 실행하는 단계가 된다. 이는 '누가, 언제, 어디서, 어떻게, 계획한 것을, 행동하고 말해야 하는지'를 다룬다.

④ 평가(Evaluation)

프로그램의 준비, 계획, 실행, 결과를 평가하는 단계이다. 프로그램이 어떻게 진행되었는지 현재 어떻게 진행되고 있는지에 따른 피드백을 통해 그 프로그램이 끝난 뒤 혹은 실행되고 있는 동안에 프로그램을 조정할수 있게 된다. 평가를 통해서 'PR활동을 어떻게 하고 있는가' 혹은 'PR 활동을 어떻게 했는가'를 확인하면 PR 프로그램을 계속 될 수도 있고 중단 되어 질 수도 있다.

*** PR과 홍보 / PR과 광고 ***

1. PR과 홍보

PR은 일반적으로 홍보(弘報)와 혼용되어 사용되며. 홍보는 PR과 동의어로 이해할 수 있으나, PR과 홍보의 뜻이 구별돼 사용된다면 이때의 홍보는 퍼블리시티(Publicity), 즉, 보도자료 배포 등의 언론 대응 활동으로서의 의미가 강하다고 볼 수 있다. 보통은 홍보를 단순한 '언론 섭외'로 생각하는 경우도 많다.

2. PR과 광고

PR과 광고는 모두 대중매체를 많이 활용하므로 표적 고객에 대한 대대적이고 효율적인 도달(reach)이 가능하다. 또한 일시적인 구매결정을 노리는 판촉과 달리 광고나 PR은 장기적 효과를 나타낸다는 공통점이 있다. 그러나 다음과 같은 차이점도 있다.

- 비용: 광고는 비용을 들여 집행해야 하지만 PR은 실제 비용 부담은 없다. 대신 각 매체에서 자사가 보도가 되게끔 '유도'하는 작업이 필요하다.
- 통제력: 광고는 광고주가 비용 부담을 하기 때문에 이에 상응하는 매체에 대한 여러 권한이 부여되지만, PR은 매체관계자가 재량에 따라 보도 여부 또는 성격을 결정하기 때문에 PR의 성과가 불확실해지게 된다.
- 신뢰성: PR은 제3자를 통해 메시지를 전달하게 되므로 일반적으로 메시지에 대한 대중들의 신뢰성이 높다고 볼 수 있다.

2) 사회복지기관의 PR/홍보

(1) 사회복지기관의 홍보전략

비영리기관인 사회복지기관은 휴먼서비스(Human Service)를 제공하는 기관이다. 후원자, 자원봉사자, 언론, 여론 지도층, 프로그램 참가자, 지역주민 등의 다양한 공중들과 어떠한 이미지를 구축하느냐가 기관의 존재에 중요한 영향을 미치게 된다. 공중을 대상으로 홍보하는 활동은 기관의 좋은 이미지 창출은 물론, 모금개발(Fundraising)에 큰 영향을 준다.

① 기관의 이미지 창출

어린이, 청소년, 장애인, 노인, 입양, 아동학대 예방사업 등 사회복지기관의 주요 프로그램은 기관의 성격에 따라 매우 다양하다. 어떤 프로그램을 펼치는 기관인지 이미지 구축을 확실히 해야만 할 것이다.

② 모금전략 프로그램(Fundraising Program) 개발

비영리기관인 사회복지기관은 보통 후원자들의 후원금과 정부 지원금으로 운영되기 때문에 예산의 측면에서 제한된 환경에 놓여 있다. 따라서, 다양한 프로그램을 개발하여야만 공중들로 하여금 호의(Goodwill)를 얻을 수 있다.

③ 언론과의 연계

언론사의 사회복지프로그램이나 특집방송이나 기사 등과 같은 기획 프로그램을 연계한 마케팅 전략을 구사해야 한다. 국민일보와 한국복지재단이 함께하는 어린이 돕기 기획기사들은 모금개발에 큰 영향을 미치며 효과적인 쌍방향 프로그램이 된다.

④ 홍보대사

유명 연예인이나 방송인, 기업가들은 기관의 홍보대사로 임명하는 방법이 있다. 대중에게 인기가 많은 사람들을 통해 남을 돕는다는 일이 행복하게 보이는 것도 중요한 역할이다.

(2) 홍보의 최근 경향

① 단발적 홍보에서 지속적 홍보로의 경향을 갖는다.
② 즉흥적 홍보에서 계획적 홍보로의 경향을 갖는다.
③ 일방적 홍보에서 쌍방적 홍보로의 경향을 갖는다.
④ 외부공증관계에서 내부공증단계로의 경향을 갖는다.
⑤ 소극적, 수비적 홍보에서 적극적, 공격적 홍보로의 경향을 갖는다.
⑥ 경제적 공중관계에서 문화적 공중관계로의 경향을 갖는다.

3. 마케팅(marketing)

1) 마케팅(marketing)의 정의

마케팅(marketing)이란 market(시장)+ing(진행)을 의미하며 소비자에게 상품과 서비스를 제공하면서 구입하도록 격려하는 활동으로 규정할 수 있다.

시장에서 가치를 창출하고, 기본적 욕구와 수요를 충족시킬 목적으로 이루어지는 것으로서, 교환이 성립되고, 관계가 이루어지도록 시장을 관리하는 것을 의미한다.

따라서 마케팅은 제품과 가치를 창조하여 다른 사람과 교환하기 위한 활동으로, 그들의 욕구와 수요를 충족시키키기 위해서 개인과 집단이 원하는 것을 획득하는 과정이라고 할 수 있으며, 마케팅의 개념에는 교환의 의미가 매우 강하다. 사회복지조직과 같은 비영리 조직의 활동에 있어서도 마케팅의 중요성은 인식되고 있으며 사회복지기관의 책임성과 효율성에 대한 요구가 높아지고 있고 재원의 한계에 미치면서 마케팅 활동에 대한 인식이 형성되고 있다.

2) 마케팅의 핵심요소

마케팅의 핵심요소는 소비자의 욕구와 수요, 만족, 교환, 시장 등이라고 할 수 있다.

(1) 소비자의 욕구와 수요 파악

고객의 욕구와 수요를 세밀하게 이해하는 것은 마케팅 전략을 위하여 중요한 투입요소가 된다.

(2) 소비자의 만족과 가치

소비자는 제품이나 서비스를 통해서 그들의 욕구와 수요를 충족시킨다. 그리고 여러 대안 중에서 욕구를 가장 잘 만족시켜 줄 수 있다고 생각하는 것을 선택하게 된다.

가치라는 것은 고객이 그 제품을 소유하고 사용하여 얻는 혜택과 그것을 얻는데 필요한 비용 간의 차이로서, 대안의 가치는 가격을 고려한 대안의 고객만족수준이다.

(3) 교환

교환이란 바람직한 목적물을 획득하고, 그 대신에 상대방에게 어떤 것을 제공하는 행위로서, 서비스에 대한 대가를 제공하고 획득하는 행위의 가치를 창조하는 과정이라고 할 수 있다.

(4) 시장

시장은 어떤 제품이나 서비스의 실제 또는 잠재적 구매자들의 집합이며, 이러한 구매자들은 교환과 관계를 통해 충족될 수 있는 어떤 욕구와 수요를 소유한다.

3. 사회복지조직의 마케팅(marketing)

1) 사회복지조직 마케팅(marketing)의 특성

비영리조직에서는 물리적인 상품보다는 서비스를 생산한다. 판매자 위주의 생산이나 제품판매의 개념이 아니라 대상자 중심의 서비스를 한다.

사회복지조직에서는 자금확보와 관련된 마케팅이 주된 내용을 이루고 있으며, 사회복지마케팅이란 사회복지조직의 목적을 달성하기 위해 클라이언트관리, 서비스의 개발및 전달, 비용, 홍보, 자금확보등 영리조직의 마케팅기법을 도입하여 다변화하는 사회적환경에 경쟁력을 확보하는 활동이다(김형식 외, 2002: 249).

비영리부분의 서비스가 영리부분의 상품과 다른 차이점은 다음과 같다.

(1) 서비스의 무형성(intangibility)

사회복지조직의 서비스는 이용해 보기 전에는 서비스 제공자의 주장을 확인할 수가 없다.

상품처럼 진열하거나 재고정리를 하기가 어렵고, 상대방을 설득하기 위한 홍보나 특허를 내기에도 힘들다.

서비스는 이용자가 실제 이용을 해본 후에만 평가가 가능하며, 서비스의 무형에 따른 마케팅의 어려움이 있다.

(2) 서비스의 다양성(heterogeneity)과 복잡성(complexity)

사회복지서비스는 이용자의 개별적인 욕구에 따른 다양한 서비스가 제공되어야 한다. 또한, 서비스와 관련된 조직간의 이해집단이 다양하여 욕구를 충족시키는 과정이 매우 복잡하다,

(3) 생산과 소비가 동시에 일어난다.

사회복지조직에서는 생산과 소비가 분리되지 않는 경우가 많으며, 상황적인 대처능력이 필요하다.

(4) 소멸성(perishability)

사회복지시설이나 기관의 서비스는 식품이나 가전제품처럼 쌓아 두거나 저장할 수 없는 소멸성이 있다. 그래서 서비스는 반환하거나 되팔 수 없다.

서비스가 일단 시작되면 참여하지 않은 사람들은 그 서비스를 놓친 것이다. 또한 유사한 서비스가 다음에 제공된다 하더라도 정확하게 똑같은 것은 아니며 그 서비스가 제공되기까지 다음 기회를 기다려야 한다.

2) 사회복지조직의 마케팅(marketing) 전략

(1) 마케팅믹스(marketing mix)

마케팅믹스(marketing mix)란 마케팅 활동을 위한 일종의 수단으로서 마케팅 목표를 달성하기 위한 수단을 종합적으로 결정하는 전략을 말한다. 따라서 마케팅의 모든 요소를 통합하여 그 효과를 최대한 발휘하는 것을 말한다.

사회복지조직에 있어서 소비자의 욕구나 성격, 규모 등을 세밀히 파악한 후 시장을 선정하고 가장 효과적으로 시장을 관리할 수 있는 4P, 즉 상품(Product), 가격(Price), 유통(Place), 촉진(Promotion) 활동을 말한다.

① 상품(Product) 전략

어떤 상품을 제공할 것인가?

비영리조직에서 상품이란 용어는 생소하지만 목표달성을 위하여 서비스를 제공한다는 의미에서 영리조직과 마찬가지의 상품 전략이 필요하다. 따라서, 비영리조직의 상품은 프로그램과 서비스라고 할 수 있는데 이 상품의 성격은 그 기관의 사명과 목적에 따라 달라진다. 또한 비영리조직도 특성화있는 프로그램브랜드가치를 높일수 있는 것이 필요 하다.

② 가격(Price) 전략

가격을 어떻게 결정할 것인가?

비영리조직의 가격은 서비스와 프로그램에 대한 가격을 의미하는 것으로 이는 수익사업의 서비스이용료가 될 수도 있고 모금프로그램에 대한 가격, 즉 후원금을 의미하기도 한다.

③ 유통(Place)

비영리조직에서 유통전략이란 서비스의 전달과 입금 경로, 접근성과 관련이 있으며, 지역사회 네트워크 형성에 따라서 관련이 깊다. 고객들은 사회복지조직을 쉽게 이용할 수 있어야 한다.

비영리조직의 유통경로는 상품(서비스)이 기관에서 클라이언트에게 직접적으로 전달되는 서비스형태로서 중간상의 개입이 없어서 비교적 짧은 것이 특징이다. 따라서 고객과 직접 접촉한다.

④ 촉진(Promotion) 전략

서비스의 홍보와 기부금을 확보하기 위한 인쇄물 제작이나 언론·방송 매체를 통한 홍보, 인터넷 홍보, 판매촉진, 인적 판매 등과 같은 커뮤니케이션 수단들이 속한다.

후원자시장이 세분화된 경우에는 직접우편의 방법도 사용된다. 종교단체, 과거의 후원자, 동창회 등에 대중매체를 이용한 광고보다는 직접우편의 방법이 더욱 친근하고 효과적일 수 있다.

인적자원을 통한 판매 역시 비영리조직의 촉진활동에 대단히 중요한 역할을 하는데 사회복지조직의 직원의 후원 요청과 종교단체의 선교 활동 및 기부형태는 거의 개인적인 활동에 따라 설득을 통해 판매를 촉진하는 행위이다.

3) 사회복지조직 마케팅(marketing)의 필요성

최근 사회복지기관의 책임성확보와 비용효과성의 강조는 마케팅을 중요한 관리활동으로 부각시킨다. 사회복지조직에서 마케팅의 필요성에 대해서는 네가지 측면에서 살펴볼 수 있다.

첫째, 재정확보 측면에서 사회복지조직의 목표를 달성하기 위해 필요한 재정자원의 계획과 동원, 배분, 효율적인 사용과 책임성 있는 관리 및 확보가 필요하다. 따라서 모금시장분석, 다양한 모금상품 개발, 전략적인 모금상품의 홍보는 물론, 잠재적 후원자의 개발, 이미 개발된 후원자의 1:1 고객관리를 통한 모금의 극대화를 가져와야 한다.

둘째, 행정적인 측면에서 사회복지조직은 정부의 보조금이나 단체기부금으로 운영되기 때문에 서비스의 제공에 있어서 효율성과 효과성에 대한 책임을 갖는다. 따라서 비영리조직에 있어서도 전략적인 마케팅의 도입이 절실하다.

셋째, 서비스 개발측면에서 사회복지조직은 외부환경의 변화에 민감한 특성을 갖고 있기 때문에 환경 분석과 함께 서비스의 개발에 있어 상품의 가치를 높여야 한다.

넷째, 대상자관리의 측면에서 클라이언트, 기관의 이용자, 기부자, 지역사회를 고객으로 인식하여 욕구를 세분화하고 고객만족을 이끌어 내는 마케팅접근이 필요하다.

4. 마케팅 과정

클라이언트의 관점에서 마케팅활동을 수행하기 위해서는 먼저 전체적으로 마케팅활동이 어떤 과정을 통해 이루어지는지 이해해야 한다. 마케팅활동은 기관환경분석, 마케팅조사, 목표설정, 시장분석, 마케팅도구설정, 마케팅실행, 마케팅평가 등의 과정을 통해 이루어진다(김형식 외, 2002: 254-259:황성철 외, 2005: 220-231).

마케팅(marketing) 전략수립의 과정에서 핵심적인 내용은 고객, 기관, 경쟁자와 고객 세분화, 표적시장선택 및 포지셔닝 이다. 또한 전략은 환경에 적합해야 하고, 조직구조는 전략과 어울려야 하며, 이들이 전략적 적합성을 가질 때 좋은 성과를 기대할 수 있다.

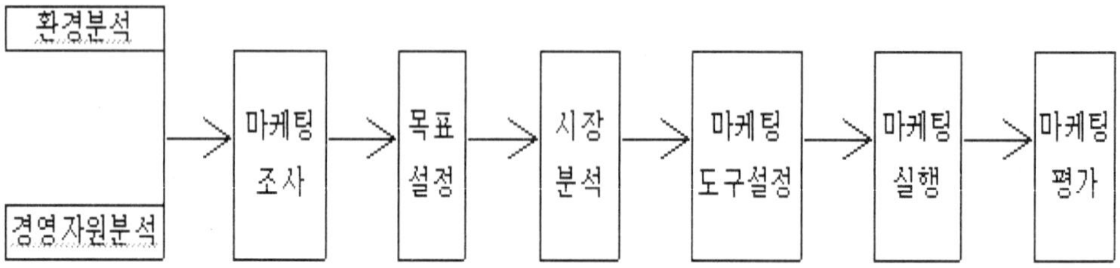

그림 〈11-1〉 마케팅 과정

1) 기관환경분석(SWOT)

마케팅marketing의 출발점은 기관 및 기관이 속한 환경에 대한 분석으로부터 시작된다, 기관이 마케팅을 하기위해 기관의 목표와 프로그램, 자원, 정당성등을 분석하여 준비하여야 한다. 기관의 환경적 요인분석을 할 때 환경의 요인은 사회제도적 환경과 조직내부의 환경으로 구분 할 수 있다.

환경분석은 주로 '우리가 일하고 있는 상황(Context)은 무엇인가'에 중점을 두고 있으며, 기관의 마케팅상의 강점과 약점을 확인하여, 외부환경인 기회적 요인과 위협적 요인을 규명하는 분석기법이다.

SWOT분석: 강점(S), 약점(W), 기회(O), 위협(T) 요소들을 가지고 있는 조직을 분석하여 가장 적합한 목표 및 전략을 추구하여야 한다.

자원분석은 '우리가 가지고 있는 자원은 무엇인가'에 중점을 두고, 강점과 약점을 분석해 본다.

기관이 마케팅을 하기 위해 기관의 목표와 프로그램, 자원, 정당성 등을 분석하여 준비상태를 확인한다. 또한 기관을 둘러싼 환경을 분석하고, 기관의 강점과 약점을 분석한다. 또한, 후원자개발 가능성을 분석하기 위해서는 환경요인에 대한 분석이 필요하다.

표 〈11-1〉 SWOT를 이용한 마케팅 계획 분석

구분	조직의 강점(S): 구성원들의 업무의욕이 높음	조직의 약점(W): 신규조직이라 재정이 빈약함
조직의 기회(O): 사회문제가 증가함 (결식아동의 증가, 노인문제 증가 등)	사회문제를 해결할 우월한 프로그램 개발	사회문제를 해결할 모금 및 후원자 확보활동 강화
조직의 위협(T): 경제난으로 재정 지원 감소 예상	조직을 유지하기 위한 수익성 있는 프로그램 개발	조직목표에 합당한 프로그램만 존치시켜 최저예산 유지

※ 참조: 우종모(2004), 「사회복지행정론」, p. 404

2) 마케팅(marketing) 조사

정확하고 충분한 자료를 얻기 위하여 관리자와 소비자를 직접 연결시켜 줄 수 있는 최선의 커뮤니케이션 수단으로 마케팅 조사가 수행되어야 한다.

사회복지기관에서 시장조사는 잠재적 후원자와 그들이 원하는 바를 찾아내는 작업이다. 시장조사에는 첫째, 상품이나 서비스에 대한 욕구가 있는지, 둘째, 욕구를 갖는 사람들이 구매하고자하는지, 셋째, 상품구매력이 있는지, 넷째, 구매의 의지가 있는지, 등을 확인한다. 상품의 구매는 후원을 의미한다.

3) 마케팅(marketing) 목표설정

마케팅의 목표를 설정하기에 앞서 기관의 목적을 살펴볼 필요가 있다. 목적은 실행계획을 더욱더 구체적으로 제시하는 목표와 구분이 된다.

목표설정은 정확한 문제의 진술, 표적집단의 성격과 규모, 기관의 정책, 자원동원 등의 변수들에 의해 범위와 방향이 정하여 진다

목표는 마케팅 기획의 초기단계에서 명확하게 규명되어야 하며, 세부목표는 사전조사와 목표달성을 위한 프로그램, 결과에 대한 평가가 항상 함께 있어야 한다. 세부목표는 SMART하게 구성되어야 한다.

- SMART의 원칙: 구체적(Specific)이고, 측정가능(Measurable)하며, 달성가능(Attainable)

하고, 결과 지향적(Result-oriented)이면서 시간적 한계(Time-boundary)를 명확히 제시해야 한다(정무성, 2005: 247).

4) 시장분석

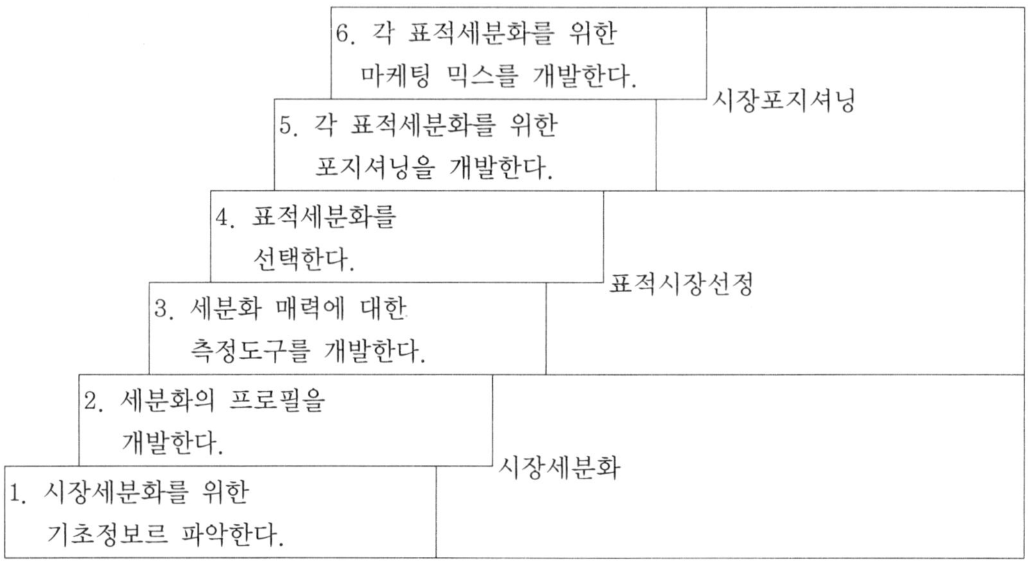

그림 〈11-2〉 시장세분화, 표적시장, 포지셔닝의 단계

(1) 시장세분화

전체시장을 기준에 의해 비슷한 기호와 특성을 가진 차별화된 마케팅 프로그램을 원하는 집단별로 나누는 것을 의미한다. 따라서 동질적인 세분화된 시장으로 구분하는 과정이며, 욕구가 비슷한 고객집단으로 구분하므로서, 각 집단별로 차별적인 접근을 시도한다.

(2) 표적시장선정

시장세분화의 결과로 나누어진 각각의 세분시장을 평가하여 후원가능성이 있는 요소를 발견한 후 한 가지 두가지이상의 목표시장을 선정 하는 것이다. 작업을 통해 동질적인 범주를 파악하여 기관이 공략가능하다고 선택한 시장이 표적시장이 된다.

(3) 시장 포지셔닝

시장 포지셔닝이란, 세분화되고 표적이 된 각각의 집단을 명확하게 지배하는 것으로 대상 집단으로 후원을 하도록 확정 하는 것 이다 시장 내 고객들의 마음에 위치잡기란 의미를 갖는다. 또한 중요한 것은 서비스를 차별화하는 전략을 구사해야 한다.

5) 마케팅marketing 도구설정

모금 마케팅을 위해서는 연중모금, 자본모금, 전화 및 자동응답시스템(ARS), 인터넷 모금, 특별행사, 재단기부금, 대중매체광고, 직접우편(DM) 같은 방법들이 있다.

(1) 인터넷 모금

이용자가 많은 포털사이트와 협력하여 배너교환이나 공익 연계 캠페인등을 통해 얻은 후원자 개발, E-mail을 통한 후원자 개발 등이 있다.

(2) ARS 모금

ARS(Audio Response System)모금은 연말 불우이웃 돕기, 수재의연금 모금 등 TV 프로그램을 통해 전화로 실시되는 모금방법을 뜻한다.

(3) 캠페인 모금

캠페인 모금운동의 성공여부는 캠페인에 따른 흥미유발과, 언론과 캠페인을 통해 일반 시민들의 관심과 흥미, 그리고 참여를 이끌어 낼 수 있느냐에 여부가 달려 있다.

(4) 이벤트 모금

이벤트를 통해 홍보와 장기적인 측면에서 정기후원자를 발견하고 모집할 수 있는 데이터를 얻을 수 있다.

(5) 정기 후원

안정적이며 장기적인 자원 개발방법으로 모금 방법 중에서 가장 바람직한 방법이다.

6) 마케팅(marketing) 실행

마케팅 실행이란 전략적인 마케팅 목표를 달성하기 위해 마케팅 기획을 활동으로 옮기는 과정이다. 마케팅이 기획되어 어떤 마케팅활동을 왜 하는가 하는 것 이라면 집행은 누가, 언제, 어디서, 어떻게 하는가 하는 것을 집행 하는 것이다. 이와 같이 마케팅기획과 실행을 통해 기부대상자들에게 기부를 청한다.

7) 마케팅marketing 평가

마케팅 평가는 기부행위의 발생에 대한 종합적인 평가와 함께 새로운 기관외부환경에 대한 분석으로 연계되는 과정으로 수정과 보완을 통해 다음에 있을 결과의 평가에 대비한다.

5. 비영리기관의 마케팅기법 / 모금

1) 연중 모금

연중 모금에서는 주요 기부자들과 아울러 일반적인 기부자들로 하여금 기관의 프로그램을 해마다 지원할 수 있게 하는 것으로. 여기에서 연중은 1년에 한번을 의미하는 것이 아니고 1년 전체에 걸쳐 지속적으로 모금을 진행하는 방법이다. 매월 일정한 금액을 후원하는 연중 소액 기부나 유산의 기부, 부동산의 기부 등이 있다. 모금활동에는 우편, 전화, 이벤트 등이 포함된다.

(1) 다이렉트마케팅(DM: Direct Marketing)

비영리조직에서 DM은 우편에 의해서 클라이언트, 서비스 이용자, 기존 기부자와 기부를 유도하기 위한 잠재적 후원자 등에게 현재 기관의 운영현황이나 이용할 수 있는 서비스와 프로그램에 대해 다양한 정보를 전달하는 방법이다.

(2) 고객관계관리 마케팅(CRM: Customer Relationship Management Marketing)

고객과 관련된 조직의 내외부 자료를 분석, 통합하여 고객의 특성에 기초한 마케팅 활동을 계획하고, 지원하며, 평가하는 과정으로서 고객 데이터의 세분화를 실시하여 신규고객 획득, 우수고객 유치, 고객가치 증진, 잠재고객 활성화, 평생고객화와 같은 사이클을 통하여 고객을 적극적으로 관리하고 유도하며 고객의 가치를 극대화시킬 수 있는 전략을 통하여 마케팅을 실시하는 것 이다. 기존 마케팅이 단발적인 마케팅 전술이라면 고객관계관리 마케팅은 고객과의 지속적인 관계를 유지하면서 '한 번 고객은 평생고객'이 될 수 있는 기회를 만들어, 평생고객화를 통해 고객의 가치를 극대화하는 것이다.

(3) 공익연계 마케팅(CRM: Cause-Related Marketing) = 기업연계 마케팅

① 주요내용

상호이익을 위하여 기업이나 브랜드를 사회적 명분이나 이슈에 전략적으로 연계시키는 마케팅 도구로서, 사회공헌과 맥락은 유사하나 목적에서 다소 차이가 난다. 사회공헌은 사회적 책임을 다하는 기업의 역할적 측면이 강하지만, 공익연계마케팅은 말 그대로 공익적 이슈를 기업의 마케팅 활동과 연계 시키는 것으로 마케팅적 측면이 강하다. 근대적 의미의 공익마케팅의 첫 사례는 아메리칸 익스프레스카드의 자유의 여신상 보호 캠페인으로, 아멕스카드 매출액의 일부를 자유의 여신상 보호 기금에 기부하는 것이 핵심 프로그램이었다. 즉, 기업 사회공헌 활동이 상품 판매나 브랜드 이미지, 기업 이미지 상승효과를 가져와 직접적 매출액 증대 효과를 목표로 하므로, 기업의 마케팅 전략과 NPO와의 win-win 전략을 구사 할 수 있다.

② CRM을 구현하는 방법

신용카드 구매나 사용을 특정 NPO의 특정한 공익 프로그램에 링크가 가능하고 한시적이고 지속적인 이벤트를 후원하는 방법으로서 쿠폰 발행 등을 통해 특정 상품을 선정해 홍보 및 판매를 한다.

현물 및 자원봉사 활동과 NPO 프로그램과의 연계 등이 있다.

(4) 데이터베이스 마케팅(Database Marketing, DB마케팅)

비영리조직에서 데이터베이스 마케팅은 기관을 찾는 이용자, 즉 고객과의 개별접촉을 통해 명단과 주소, 프로그램 이용 현황(거래 데이터), 즉 프로그램 명, 이용 횟수, 이용 시기 등의 정보를 입력하고 기관이나 프로그램에 관련된 태도, 기호와 생활 스타일 등의 세심한 정보까지 많을수록 활용도가 높아진다.

(5) 인터넷 마케팅(Internet Marketing)

인터넷 마케팅이란 인터넷을 통해 고객에게 정보를 전달하고 전자우편이나 홈페이지 등을 통하여 이익을 극대화하는 마케팅 기법으로, 비영리조직에서 인터넷 마케팅은 인터넷이라는 매체를 활용하여 기관의 사업과 프로그램을 알릴 수 있는 홍보, 기부금 모집 등이 가능하다. 또한 메일링 서비스를 통해 개별적인 고객 관리를 할 수 있으며 배너 교환이나 이메일링 서비스 등의 방법이 있다. 인터넷 마케팅은 무엇보다도 시간, 공간, 비용, 정보의 양적인 측면에서 매우 경제적이라는 장점이 있다.

(6) 사회 마케팅(Social Marketing)

사회 마케팅이란 정부나 지방자치단체, 시민과 지역사회를 위한 공중의 행동 변화를 위한 마케팅 기법으로 공공사회에서의 공익을 실현하기 위한 집단적이고 조직적인 노력이다.

제10장 정보관리

1. 정보화시대의 사회복지행정

사회복지조직에서 정보는 조직업무와 조직구조, 의사소통, 조직 운영에 변화를 추구함으로써 사회복지조직의 성과를 높일 목적으로 활용되고 있다. 이처럼 복지정보가 조직의 목표달성과 기능 수행을 위해서는 지속적이고 효과적인 방식으로 관리되어야 하는데, 이를 위해서 정보체계를 적절히 활용해야 한다.

1) 정보화시대의 조직변화

(1) 업무수행방법의 변화

업무절차나 흐름이 전산장비의 의존하여 대폭 간소화되어 왔고, 전산을 이용한 자동화에 더 많은 의존을 하게 되었다.

(2) 의사소통 및 의사결정 방식의 변화

의사소통이란 상징에 의하여 정보, 생각, 감정을 전달하는 것이며 결정의 전제가 되는 정보를 전달하는 과정을 의미한다(Simon, 1957:154). 또한 의사소통이란 쌍방의 과정(a two-way process)으로서 전달자와 피전달자 간에 사실이나 생각, 감정등을 전달함으로서 상대방에게 생각과 행동, 태도에 영향을 미치고 행동에 변화를 주는 것을 뜻한다.

의사소통에는 세가지의 과정이 있는데 메시지를 보내고 받는 과정(sharing), 메시지를 이해하는 과정(understanding), 메시지를 명확히 하는 과정(clarifying)이 있다(Skidmore, 1990: 167-168:강용규 외, 2007: 125).

의사전달이란 동력(energy)같은 기능을 하는데, 인간조직을 하나의 체계로 보는 경우 인체를 순환하는 혈액과 같다. 그리고 의사전달은 인간의 행동을 변화시키는 목적이 있다. 최근 의사전달을 통해서 조직내부적으로는 바람직한 조직운영을 위하고 조직외부에서는 대민관계 혹은 클라이언트와의 관계를 합리적인 방향으로 유도하기 위한 연구가 진행되고 있다(박차상, 2007: 171-175).

의사결정 방식은 전자우편, 화상회의, 전자결재 등으로 일상적인 업무가 되고 있다.

2) 정보화시대의 사회복지조직

사회복지조직에서 전자우편활용, 홈페이지 구축, 업무자동화, 개인 컴퓨터보급, 전산화된 회계 관리업무 등은 일상화되어 있으나, 이러한 노력은 아직 개인직원들 차원의 접근, 혹은 사회복지기관의 단편적 접근의 차원이라고 할 수 있어서, 정보기술을 활용하여 체계적으로 관련정보를 관리하고 이를 업무수행에 활용하고 의존하는 수준에 이르지는 못하고 있다.

2. 정보관리체계의 개념

1. 개념

(1) 정보

정보(Information)란 있는 그대로의 사실(data)을 적절히 가공하여 의미 있는 형대로 변화시킨 산출물로서, 수신자에게 의미 있는 형태로 처리된 데이터이며 현재 또는 미래의 결정이나 행동에 실제적이거나 인지된 가치를 지니는 것으로 의미를 가지며 자료의 개념을 뛰어넘어 자료 자체로서 특정한 의미를 갖도록 조직화된 것이다.

(2) 복지정보

복지활동에서 체계적으로 획득·생성되어 체계적으로 축적·가공되고 전달·활용되는 제반 지식이나 자료 또는 메시지를 말하며, 사회복지의 주체 및 객체의 의사결정이나 행동을 위하여 사용되는 의미있는 내용으로서, 지식, 자료, 메시지 등 다양한 성격의 내용을 포함하여 수집, 처리, 분석, 해석, 활용, 전달, 보존 등 정보의 일반적인 순화과정을 거친다.

복지활동과정에서 발생하며 복지업무를 지원하는 것이다.

표 〈12-1〉 사회복지조직의 정보 분류

클라이언트 정보	• 클라이언트의 인구학적 특성, 기관, 이용현황 등
욕구정보	• 지역사회주민과 클라이언트의 복지욕구의 내용 등
서비스와 자원정보	• 제공하는 서비스의 종류와 내용, 서비스의 질에 관한 것. 서비스의 이용방법과 이용시간, 담당자 등
처우정보	• 처우계획, 처우방침, 실시내용 등
기술정보	• 사회복지사의 전문적 지식, 활용 가능한 기술 등
참가정보	• 후원자, 자원봉사자활동, 이벤트와 강좌 등
규범정보	• 조직 내 규칙과 지침서 등
환경정보	• 정부시책, 행정방침, 관련 정책과 제도의 변화추이 등
관리정보	• 조직의 재무, 인사, 문헌과 신문기사, 다른 조직에 관한 사항 등

(3) 정보관리체계(Management Information System, MIS)의 개념

조직 관리와 관련된 기본적인 정보를 처리하기 위해 컴퓨터를 응용하는 것이다.

효과적이고 효율적인 조직 관리를 위해 전산화된 업무환경에서 정보처리 기술을 응용하는 것이며, 사회복지조직의 일상 업무, 관리업무, 클라이언트 관련업무 등을 위한 일련의 의사결정 또는 문제해결과정에 필요한 정보관리를 위해 사용되는 통합적인 사용자/ 기계시스템(장중탁, 1998)이다. 1950년대 이전에는 자료를 수작업 또는 전자계산기로 처리하였으며, 1950년대에는 주로 일반사무처리를 위해 전산응용프로그램(회계 또는 재고관리)을 사용하였다. 그러나 1960년대에 이르러서 자료처리요구의 증가와 방대한 자료를 다루기 위해서 새로운 형태의 응용 프로그램이 필요하게 되었고, 이를 위하여 정보관리시스템을 개발하게 된 것이다.

정보 시스템의 모든 구성요소들이 반드시 복잡하거나 형식화되거나 전산화될 필요는 없지만 현실적으로 어떻게 활동을 측정하며, 보고서의 양식을 어떻게 작성할 것이며, 기준을 어떻게 잡고 어떤 관리 행위를 취해야 할 것인가 하는 구체적인 것들을 공식적으로 전산화된 시스템으로 제공하면 조직의 행정과 경영에 도움을 주는데, 이 체계를 정보관리시스템(MIS: Management Information System)이라고 한다.

정보시스템은 행정의 내부 효율성에 초점이 맞추어져 있는 사무자동화(OA: Office Automation)보다는 범위가 넓게 적용되고, 조직의 전구성원이 활용할 수 있다는 점에서 상급관리자의 의사결정을 지원하는 의사결정지원시스템(DSS: Decision Support System)과도 다르고, 그리고, 전문가의 판단력 수준을 높여주는 데 사용하는 전문가 지원시스템(ESS: Expert Support System)과도 다르다. 사회복지행정정보시스템은 OA, DSS, ESS를 포함하는 종합적 의미의 정보시스템을 말한다.

표〈12-2〉 자료, 정보, 지식의 차이

자료	그 자체로는 의미를 갖지 않는 단순한 숫자나 숫자들의 조합
정보	자료자체로서 특정한 의미를 갖도록 조직화한 것
지식	특정 대상의 실체에 대한 설명을 제공해 줄 수 있고, 특정관계를 보여줄 수 있는 정보

표〈12-3〉 정보의 형태, 정의, 사례

형태	정의	사례
정보	부가적 의미를 더하기 위해 처리되는 데이터	15% 에러율
지식	묘사와 관계의 형태로 있는 정보	• 묘사: 이혼한 사람은 결혼할 수 없지만 아이를 가질 수 있다. • 관계: 이전의 일탈행동은 이후의 일탈행동의 가능성을 증가시킨다.
개념	지식이나 경험을 통해 형성된 일반화된 생각이나 모델	피드백, 아동학대, 빈곤

표〈12-4〉 정보 그룹의 위계

정보 항목, 정보 요소, 분야 한 단위의 정보나 정보 조각에 주어진 이름 *(예)클라이언트의 이름, 성, 출생일* ⬇ 기록 연관된 정보 항목 체계 (예)클라이언트 기록 ⬇ 파일 한 단위로 다루어지는 비슷하게 구성된 기록 모음 *(예) 클라이언트 기록의 핵심 파일* ⬇ 데이터베이스 다양한 파일에서 다양한 기록으로 구성된 정보의 집합. 이곳에서 불합리성을 최소화하고 손쉬운 조작과 접근을 위해 정보가 저장되고 관리된다. 기관의 데이터베이스는 회계연도, 클라이언트, 서비스, 스탭 파일 등으로 구성된다.

3 정보관리체계의 유형

1) 유형

(1) 자료처리응용단계

자료처리업무는 정보의 수집, 저장, 검색, 조정, 이송 그리고 자료출력을 포함하며, 자동자료처리응용 프로그램은 비서업무와 직원들의 일상 업무를 처리하는 데 소요되는 시간과 비용을 감소시키기 위해서 고안된 것이다.

예를 들면, 봉급명세서의 자동처리, 이동자명부관리, 영수증자동발급 등

(2) 정보관리체계

정보관리체계는 사람의 모집, 절차, 자료와 정보수집기술, 일련의 절차를 통해서 자료와 정보를 향상시키는 기술로서, 그 결과를 출력하여 배포하는 것을 뜻한다.

정보체계는 많은 독립된 자료처리과정을 통합시키고, 단계별로 조직에게 도움을 주어서, 보고의 형식으로 정보를 만들어낸다.

예를 들면, 이용자실적을 사업부서별로 월별, 분기별 보고서를 자동 작성하도록 하여 사업현황을 정기적으로 점검할 수 있는 정보를 제공하는 것이다.

(3) 지식기반시스템(KBS)

- 전문가시스템은 사용자가 제공한 사실을 기초로 컴퓨터 안에 저장된 지식을 응용하여 사례에 관한 의사결정을 하는 것이다.
- 사례기반추론은 수천 개의 클라이언트 사례(인구통계, 서비스, 성과)를 조사하여 저장하고 이를 저장된 사례자료로부터 지식을 얻어내는 것이다.
- 자연음성처리는 언어를 텍스트로 전환하는 것, 즉 전환 음성기, 외국어번역테스트기 등이 있다.

(4) 의사결정지원시스템(DSS)

효과성과 의사결정의 특성을 탐구하는 것에 초점을 두며, 전문가가 복잡한 의사결정을 보다 쉽게 할 수 있도록 지원하기 위해 사용자가 자료를 검색하고, 관리하고, 의사결정에 관한 정보를 얻는 것에도 도움을 준다.

(5) 업무수행지원시스템(PSS)

현장에서의 업무수행능력을 향상시키기 위하여 개발된 통합정보제공시스템이다. 이를 통해 다른 사람으로부터 최소한의 도움을 받아 즉시 그 문제를 해결하거나 업무를 완수할 수 있도록 하는 것이다.

즉각적으로 성과를 증가시키는 데 목적이 있고 사용자가 업무수행을 위해 특정한 정보가 필요한 경우 이를 즉각적으로 도와주는 것이다.

표〈12-5〉 정보관리체계유형과 기능

정보관리체계유형	목적	기능
전산자료처리 시스템(DP)	효율	• 업무처리과정, 기록보관, 업무보고 • 사무적인 업무처리의 능률향상에 역점(월급명세서)
정보관리체계 (MIS)	보고	• 구조화된 의사결정을 위한 사무적인 능률성 향상 • 정보교환의 매체를 통하여 운영 하부시스템을 상호 연결하여 조직의 산출을 최적화하는 데 목적을 둠 • 의사결정을 내리는 데 필요한 정보를 제공하고 이러한 과정에서 상승작용을 할 수 있는 체계를 조직 • 일상적이고 구조화된 의사결정의 능률향상의 목적을 둠(클라이언트 정포체계)

지식기반 시스템 (KBS)	의사 결정	• 클라이언트와 직접 서비스 제공자의 상호작용을 지원하기 위한 복잡성을 다루고 있음 • KBS의 유형에는 전문가 시스템, 사례기반추론 시스템, 자연음성처리 시스템이 있음
의사결정지원 시스템(DSS)	효과	• 의사결정과 이의 집행을 돕도록 설계 • 의사결정의 효과성과 조직의 효과에 초점 • 비구조화되거나 준구조화된 의사결정을 위하여 모델링 기법을 이용하여 의사결정자를 도와줌 • 관리능률을 향상시키는 데 강조점을 두고 있음
업무수행지원 시스템(PSS)	성과	• PSS는 업무를 완성하는 데 필요한 정보를 통합 제공하여 업무를 향상시키는 것 • PSS는 서비스 제공자의 성과에 초점을 두고 있음 • PSS는 사용자가 업무수행을 위해 어떤 정보가 필요한지를 확인시켜 주고 도와주는 것

4. 정보시스템 구조

1) 개념

정보시스템 구조란 자료와 정보의 흐름이 이루어지는 체계를 말한다.

2) 유형

정보나 자료는 조직 구조에 따라 수직적(상하)으로 이동할 수도 있고 수평적으로 이동할 수 있다.

(1) 위계모델(hierarchical model)

• 자료가 상하로 움직이는 체계이다.

① 유형

• 집중형 모델(centralized model) : 중앙자료처리기구에서 자료를 집중
• 탈집중형 모델(decentralized model) : 각 부서 단위에 자료처리 기구가 있음

② 장점

부하의 정보는 위로 올라가면서 통합되어 중요하고도 고급화된 정보로 변화한다.

③ 단점

부서간의 수평적 이동에 따른 업무협조나 효과성을 기대할 수 없다. 일선 업무자들의 아이디어나 개선방안, 입장들이 상사에 의해 정보로 반영되지 않을 수도 있다.

(2) 체계모델(system model)

자료가 순환되어 공유가 가능한 체계이다.

① 유형

- 통합시스템은 중앙자료처리기구에서 자료가 처리되어 조직이 공통으로 사용할 수 있는 데이터베이스를 구축하는 시스템이다.
- 분산시스템은 일선 업무자인 조직원 개인이 스스로 자료(데이터)를 처리하고 관리하면서 업무자 간에 정보가 교환되는 체계이다. 단점으로는 자료의 공유 문제가 발생할 여지가 있으며, 문제의 규정, 욕구의 규정, 비용·서비스 산출 등에 대한 일관적인 규정이 없어서 자료의 호환성 문제도 나타날 수 있다.
- 혼합시스템은 통합시스템과 분산시스템의 장점을 살리는 체계이다.

② 문제점

- 통합시스템과 혼합시스템에서는 클라이언트에 대한 프라이버시(privacy)문제, 즉 사생활보호와 개인의 비밀보장이라는 문제가 대두 될 수 있어서, 클라이언트(혹은 보호자)로부터 반드시 정보공개에 대한 동의 여부를 사전에 점검해야 할 필요성이 있다.

5. 사회복지조직에서 정보관리체계

1) 사회복지기관에서 정보관리 시스템이 중요해진 배경

(1) 기관의 책임성 증대

다양한 사회복지사업을 위하여 예산이 집행되었다면, 정책입안자와 국민은 이에 대한 결과가 제시되기를 기대할 수 있다.

(2) 직원의 필요성

사회복지조직의 종사자들은 사회복지가 가치 있는 일이며, 클라이언트를 진정으로 돕고, 문제를 해결하기 위해 노력하고 있다는 것을 확인하고 싶어 한다.

따라서, 사회복지기관의 종사자들은 업무성과에 대해 피드백을 통해서 가치를 부여받고 싶어 한다.

(3) 사회복지서비스의 확대

서비스의 이용가능성과 다양성은 이들 서비스에 대한 접근이 가능할 때에만 의미가 있다. 이들 서비스가 전문화 되고 또한 탈중심화 되며, 사용자 중심이더라도 클라이언트가 알지 못하거나 사용에 장벽이 존재한다면 접근이 불가능하게 되어 결국 유용한 자원이 되지 못하게 된다. 후기 산업사회가 되면서 서비스 중심으로의 변화와 서비스가 점점 전문화되며 클라이언트 집단에 초점을 맞추며 사회 서비스가 계속해서 기금 제한에 따른 한계점을 갖으면서 지역사회, 지방, 국가적 차원에서 휴먼서비스의 범위에 대한 알권리와 욕구가 급격히 늘어났다.

(4) 정보의 중요성 증대

정보는 권력을 나타내기 때문에 정보형평이 어떻게 이루어질 수 있는지, 누가 정보 원천과 분배를 통제할 것인지가 관심이 된다. '정보빈곤'은 서비스를 얻는 데 장벽이 되는 반면에, '정보풍요'는 서비스 사회의 혜택을 누릴 수 있도록 해준다.

그림〈12-1〉 사회복지 행정 정보시스템 개념도

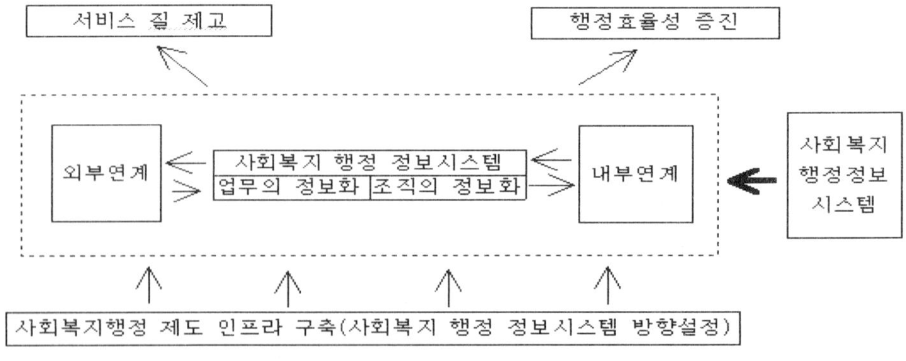

2) 사회복지조직에서 정보관리체계의 필요성

업무수행을 위한 보조수단 혹은 일부로서 적절한 정보체계를 필요로 하고 있다.

예산 집행으로 인한 사회복지조직의 책임성 및 효과성 검증이 요구되고 있으며, 다양하고 많은 분량의 서류작업을 요구하기 때문에 이를 위해 적절한 정보체계를 갖출 필요가 있다.

사회복지조직의 정보체계도입은 사업수행에 대한 평가를 위해서, 다양한 사회복지 현장에서의 실천능력배양과 전문성 증진을 위해서 매우 필요하다.

사회복지조직의 목표지향적인 성과가 중요한 요소로 자리 잡고 있다.

3) 사회복지기관의 정보관리체계설계

정부는 국가정보기반(NII: National Information Infrastructure)을 확립하겠다는 정책목표를 세우고 있다. 2015년까지 국가정보기반을 확립하기 위해 40조원을 투입할 예정으로 초고속 통신망의 활용방안을 연구하고 있다.

정보체계의 개발 및 설계는 현실에 대한 객관적인 이해에서 출발해야 한다. 정보체계는 적절하고 효과적이어야 하며, 동시에 효율성과 가치성을 내포하여야 한다.

(1) 현재상황에 대한 사정

정보체계를 개발하거나 현재의 시스템을 강화 또는 재설계하고자 할 때, 사업의 목적과 목표를 직원들이 이해할 수 있도록 관리자와 직원들 간의 충분한 논의가 되어야 한다.

관련된 위원회활동에 참여하는 구성원들의 시간, 현재 정보화의 수준과 내용, 정보화 자문비용이 포함되어야 한다.

그리고 전체직원들의 기술력, 가치, 이념, 보유하고 있는 전산관련장비, 정보체계개발의 목적과 미래에 대한 비전 등이 반드시 사정되어야 한다.

현재 상황에 대한 사정결과를 보고서로 정리와 결과보고서를 전 직원에게 공개한 후 정보체계 개발작업을 추진할 것인지, 아니면 현 단계에서 종결할 것인지를 결정하여야 한다.

(2) 기본정보체계에 대한 분석

정보체계개발을 추진하기로 결정한 후의 다음 단계는 현재 사용 중인 정보체계 혹은 정보관리환경을 분석하는 것이다.

정보체계를 효과적으로 설계하기 위하여 필요한 정보는 다음과 같다.

① **지역사회 정보**: 인구통계학적 정보, 사회적 · 경제적 특성에 따른 자료, 서비스를 받고 있는 대상자의 신원 확인, 실질적인 서비스와 재원의 목록

② **클라이언트 정보**: 클라이언트의 현존문제, 개인력, 서비스 수혜 유형, 서비스 기간, 사회경제적·가족적 특성, 고용상태, 만족도 측정과 서비스 성과

③ **서비스 정보**: 기관의 서비스 단위, 클라이언트의 수, 주어진 기간 내에 서비스를 제공받은 클라이언트의 수와 서비스가 종결된 클라이언트의 수, 서비스와 관련된 활동들에 대한 설명 등

④ **직원 정보**: 사업수행에 참여한 시간, 도움을 준 클라이언트의 수, 서비스 제공의 양, 서비스의 차별성, 근무년수

⑤ **자원할당 정보**: 전체비용, 특수한 유형의 서비스 비용, 예산 및 결산 보고서를 위해 필요한 자료 등

(3) 세부설계

어떻게 자료가 사용될 것인가에 대한 이해를 정확히 하는 것으로부터 시작해서 특정정보에 대한 욕구가 구체화되면 정보를 얻을 수 있는 자료에 대한 출처를 파악해야 한다.

(4) 정보관리체계검증과 준비

새로운 정보체계가 승인을 받은 후, 직원훈련비용 뿐만 아니라 소프트웨어나 하드웨어의 구입비용이 산정되어지면 이때부터는 직원훈련, 소프트웨어와 하드웨어의 유지 및 업데이트 등 지출에 따르는 적지 않은 규모의 정규예산항목이 나오게 된다.

새로운 소프트웨어나 하드웨어의 사용방법을 배우는 것은 정보체계개발의 성공을 위한 필수조건이면서 조직발전을 위해서도 중요하다.

(5) 전환

시험적용과 교육훈련이 종결되면 새로운 정보체계가 실행되는 단계로 진입한다. 새로 개발된 정보체계와 기존의 정보체계가 같이 사용되면서 새로운 체계를 사용해도 불편하거나 손해 보는 것이 거의 없다는 확신을 심어줄 수 있어야 한다.

(6) 평가

정보체계를 설계하고 실행하는데 참여한 모든 직원들은 새로운 정보체계에 대한 최초의 목적, 목표, 기대를 살펴보고 현재의 결과와 비교하여야 한다. 업무성과향상, 효율성 증진, 비용절감 등의 기준을 적용한 평가분석도 이루어져야 한다.

4) 정보관리가 사회복지조직에 대한 효과

사회복지조직의 효율적 관리도구로서 뿐만 아니라 사회복지서비스 조직의 책임성 검증도구로도 활용 가능하며, 조직의 업무효율성 및 서비스 효과성이 증대된다.

장기간 걸리는 업무를 단시간에 처리함으로써 비용절감 효과가 있고, 시간과 장소의 구별 없이 클라이언트의 요구에 신속히 대응하게 된다.

사회복지서비스의 정확성, 객관성, 타당성이 확보 될 수 있으며, 사회복지서비스 업무의 직무 표준화를 가져와 서비스 질 확보에 유용한 도구로 활용 된다.

5) 현황

사회복지시설과 기관의 회계시스템과 국가복지정보시스템을 통하여 이력관리 시스템이 통합·구축되었으며 장애인과 아동시설과 시·군·구 간의 온라인식의 보고와 신청 체계를 이해하고 알아야하는 시스템이 구축되었다.

6) 정보관리체계 설계 시 고려사항

정보체계에 대한 전담직원이 별도로 확보되어야 할 필요가 있으며, 전체 직원은 일상 업무에 정보체계를 이용하여 데이터를 저장 또는 사용하고, 관리자는 고유사업의 수행과 정보체계의 활용을 모니터링하여 필요한 경우 업무조정을 할 수 있어야 한다.

직원교육을 위한 예비예산을 세워서 확보 하도록 하여야 한다. 직원회의 때에는 정보체계를 사용하는 직원의 태도 및 감정을 모니터링 하도록 하며, 직원들이 업무수행과정에서 정보체계를 활용하는 것이 조직의 사업목적 달성을 위하여 가치 있는 것임을 강조하여야 한다.

그리고 관리자는 직원들이 정보체계를 통해 수집된 자료를 발표하고 공개적으로 활용하도록 유도하여야 한다.

제11장 사회복지행정 환경의 변화와 조직의 과제

1. 사회복지행정 환경의 변화

우리 사회는 1960년대 진행된 성공적인 산업화를 통해 취업기회 확대, 가계소득 증대, 절대빈곤의 감소와 경제성장을 이루었다. 그러나 IMF경제위기 이후 극심한 경제·사회적 양극화, 빈곤의 고착화 등의 사회문제가 계층간 갈등으로 까지 이어져, 경제성장이 고용을 늘리고 부분적으로나마 복지를 개선했던 한국형 경제모델의 약효가 떨어졌다는 지적을 받고 있다. 오히려 한국형 경제모델의 결과가 '양극화 현항'으로 나타나고 있는 것이다. 이제는 성장이 고용을 보장하지 못하고, 고용이 빈곤을 해결하지 못하는 악순환이 빚어지고 있으며, 경제성장의 잠재력도 약화되고 있다. 이와 같은 성장, 고용, 복지의 순환고리가 단절된 시점에서 사회공동체적 연대감 약화, 저출산, 고령화, 이혼, 노인 및 아동유기, 가출, 노숙, 자살, 아동학대 등의 가족해체라는 문제에 직면한 소외계층의 상대적 박탈감은 더욱 심화되고, 사회문제의 심각성도 가중되고 있다.

결과적으로 아동보육, 청소년 문제, 노인부양 등 각 생애주기에 걸친 복지욕구가 폭발적으로 증가하고 있는데, 가족 내의 자체부양기능이 약화되면서 아동과 청소년의 건전육성이 위협받고 있으며, 노인들의 사회적 소외현상은 심화되고 있다. 그리고 여성의 사회참여, 가족해체와 한부모가구 증가, 가족구조의 변화, 직업구조의 전문화, 생활주기의 변화 등으로 사회는 매우 복잡하고 다양화되었다. 이는 전통적으로 가족에 의해 충족되어진 복지욕구들이 사회적 욕구로 전환·발전되어야 함을 의미하며, 과거 가정에서 담당했던 부양기능을 지역사회에서 누군가 대신해 주어야 하기 때문에 대폭적인 사회부담의 상승을 요구하고 있는 것이다.

이와 같은 국가적 사회환경의 변화와 함께 시민의식 수준의 향상, 지방자치제 실시에 따라 사회복지행정의 환경은 빠르게 변화하고 있다(서울사회복지백서, 2006).

1) 시민의식 향상과 세계화에 따른 서비스 욕구의 변화: 서비스 욕구의 보편화 · 고급화 · 다양화

과거 국가발전의 논리가 사회전반에 큰 흐름으로 자리 잡았던 시절에는 시민들의 삶의 질 문제 역시 경제적인 관점에서 이해되어져야만 했다. 그러나 경제성장이 계속되고 세계화의 상황 속에서 과거의 경직된 사고들은 점차 자유로운 사고와 관점으로 변화하게 되었다. 이를 바탕으로 시민들은 삶의 질 향상에 대한 욕구가 증가하게 되었다. 또한 이제는 우리사회의 경제규모에 외국의 사례 등을 접하게 되고 이를 바탕으로 한 우리사회의 복지수준 향상을 요구하기 시작하였다. 과거 특정계층과 사회적으로 소외된 사람들에게만 제공되는 것으로 인식되던 복지서비스가 이제는 많은 시민들이 이용할 수 있는 보편적 서비스로서 인식되기 시작하였으며 다양한 프로그램과 서비스를 요구하게 되었다. 그리고 생존을 위한 최소한의 수준이 아닌, 보다 풍요롭고 안정된 생활수준의 질적 향상에 대한 요구로 확대되고 있다.

2) 지방자치 실시에 다른 지역사회의 역할 증대

지방자치단체의 사회복지업무에 가장 큰 영향을 미친 사회적 여건 변화는 지방자치제의 실시이다. 지방지치의 실시이후 지역주민들의 행정서비스에 대한 요구와 주민참여가 증가하고, 모든 행정분야에서 지방정부의 역할증대가 기대되고 있다. 주민들의 행정서비스에 대한 요구는 주로 일상과 관련된 생활서비스를 중심으로 증대되기 때문에 사회복지에 대한 관심이 특히 늘어난다고 할 수 있다.

이러한 여건 변화에 따라 지방자치 실시이후 많은 복지업무가 지방정부로 위임되었으며, 특히 복지서비스 분야에서 지방자치단체의 역할 및 책임이 더욱 강화되었다. 지역사회는 이러한 변화에 따라 주민들의 복지수요가 증가하고 있으며 특히 주민참여로 인해 민간영역의 복지수요도 과거에 비해 급속히 증가하고 있다.

3) 인구 및 가족구조의 변화: 사회적 복지기능의 증대

사회가 근대화되고 소득수준이 높아질수록 복지수요가 증가하는 것이 일반적이다.

그 첫 번째 요인이 인구 및 가족구조의 변화이다. 출산력 저하와 평균수명의 연장으로 인구구조의 고령화가 가속되어 우리나라도 이미 2000년에 고령인구가 7%대를 넘는 고령화사회에 접어들게 되었다(서울시 · 서울시정개발연구원, 2003).

반면 가족구조의 변화를 통해 그동안 전통적으로 진행되어 오던 전통적 가족체계에서의 서비스들을 기대하기 어려워지게 되었으며, 가족내 서비스의 주담당자였던 여성들의 사회활동의 증가로 인해 아동보육, 노인부양, 기타 가족을 위한 서비스 등이 사회적인 해결과제로 대두된 것이다. 이러한 가족구조의 변화는 대도시의 경우에 더 크게 나타나는데 이와 같은 현상은 약화된 가족기능을 보완해 줄 사회적 서비스에 대한 수요의 증대로 이어지고 있다.

4) 복지서비스 공급주체의 다양화: 민간복지부문의 확대

그동안 복지서비스의 제공이라는 측면에서는 국가나 지방자치단체 등 공공부문의 역할이 강조되었다. 그러나 사회의 변화와 함께 복지서비스에 대한 욕구가 증대되고 시민사회영역의 역할과 비중이 커짐에 따라 공공복지부문의 서비스만으로는 다양한 복지욕구를 해결하는데 어려움을 겪게 되었다. 또한 점차 사회복지분야에 대해 정부의 d역할을 축소하고 시민참여와 민간영역의 참여를 유도하는 정책전환에 따라 기업과 시민사회단체 등 다양한 민간주체들이 복지서비스의 공급주체로 대두되게 되었다. 이러한 현상은 사회복지와 관련한 다양한 욕구에 대해 보다 효율적이고 다양한 접근을 가능하게 하였으며, 사회복지의 재정적인 측면에서도 다양한 재원의 유입을 통한 서비스 공급의 활성화를 가져오게 하였다(서울사회복지백서, 2006).

2. 사회복지조직의 과제

사회복지행정 환경의 변화에 다른 사회복지조직의 과제를 조직관리 차원과 자원관리 차원으로 구분하여 살펴보면 다음과 같다.

먼저 조직관리 차원에서 본다면 무엇보다 조직 구조는 탄력적으로 운영되어야 할 것이다. Kanter(1983)는 유기적인 소규모 프로젝트팀이 자율적으로 형성되는 구조는 조직의 혁신과 성장에도 기여한다고 평가하였다. 미국의 사회복지조직의 변화가 우리보다 앞서 나타난다는 점을 감안할 때 우리의 사회복지조직의 구조는 보다 탄력적이어야 한다(장신재, 2005).

자원관리 차원을 인적자원, 물적자원, 프로그램, 환경관리로 구분하여 살펴보면, 첫째 인적자원 관리 차원에 보면 과거에 인적자원 관리는 통제위주였지만 점차적으로 이력개발과 효과적인 업무환경 조성을 좀 더 강조하는 추세에 있다. 이제 사회복지조직의 관리자들은 조직운영에 필요한 신입직원을 다차원적 선발 기준을 적용해서 선발하고, 신입직원의 사회화를 위한 보수 교육에 좀 더 노력해야 한다. 또한 조직 구성원 개개인이 전문적으로 성장할 수 있는 환경을 창출하는데 전념할 필요가 있다. 일반 영리조직기관과는 달리 중·소규모 사회복지조직들에서는 조직 구성원들을 조직의 가치와 목적에 헌신하게 하기 위해 승급이나 금전적인 보상 등과 같은 인센티브 시스템에 의지하기가 쉽지 않다. 따라서 사회복지조직에서는 이와는 다른 유인적 요소들을 강화할 필요가 있다. 전문직 중심의 조직 구성원들의 속성을 감안한다면 '개인적이고 전문적'인 관심과 역량에 대한 개발이 매력적인 인센티브가 될 수 있다(김영종, 2004).

둘째, 물적자원 관리차원에서 보면, 물적자원 사용에 대한 책임성은 단순히 윤리적인 측면의 책임성을 의미하는 것은 아니다. 사회로부터 부여받은 물적자원들은 결국 사회복지조직이 달성하고자 하는 목적 성취에 최소한의 자원으로 사용되어야 한다. 즉, 사회복지조직 관리자들은 자원 활용의 효율성을 더욱 주목해야 한다.

좀 더 적극적인 물적자원 관리는 지출을 효율적으로 잘하는 것보다 모금 기금을 통해 좀 더 안정적이고 많은 자원을 확보하는 것이다. 따라서 이제는 사회복지조직에서도 마케팅의 개념을 도입하여 적극 활용할 필요가 있다. 사실 사회복지조직에서도 마케팅이라는 용어를 공식적으로 사용하지 않았을 뿐이지 마케팅 활동은 오래 전부터 있어왔다. 사회복지조직의 홍보, 모금 마련 행사, 지역주민을 위한 행사 등은 단순히 행사자체에만 의의가 있는 것이 아니다. 결국 이런 행사를 통해 지역사회 주민의 참여를 유도하고 후원금을 좀 더 확보하며, 유능한 자원봉사자를 확보할 수 있는 것이다. 사회복지조직에서도 클라이언트와의 관계는 때로는 영리기관에서보다 더 중요한데, 서비스를 제공하는 쪽과 받는 쪽이 존재하고, 유사기관끼리 경쟁이 존재하기 때문이다. 따라서 이제는 좀 더 적극적으로 마케팅을 활용해야 한다(장신재, 2006).

셋째, 프로그램 차원에서 보면, 사회복지프로그램이란 계속적으로 변화되어야 하지만 그것이 결코 쉽지 않다. 조직의 두 가지 궁극적인 목적인 조직의 존립과 목표 추구 중 하나인 조직의 존립을 안정을 희구하는 방향으로 작용하기 때문이다. 즉 대외적 목표는 변화를 요구하는데 반해서 조직유지의 목표는 안정을 지행하는 상반된 속성을 지닌다. 조직이 목적 전도 현상을 나타내는 경우는 조직 유지의 목표가 대사회적 목표를 압도할 때 발생한다. 이런 경우에는 외부의 환경적 요구들의 변화에 발맞추어 프로그램을 변화해 나가는 것이 불가능해진다. 오히려 조직의 유지를 위해 유리한 환경적 요소를 선별하려는 경향까지도 나타낼 수 있다(김영종, 1998).

이러한 관점에서 볼 때 우리나라 대부분의 사회복지조직에서 사회복지프로그램에 대한 기존의 관점은 프로그램의 유지 관리나 조직이 능률적으로 유지되고 있는가에 주된 관심을 가졌다. 그러나 앞으로는 프로그램의 목표에 대한 관리와 조직이 전체적으로 양질의 프로그램을 제공하고 있는가에 관심의 초점을 두어야 할 것이다. 그리하여, 사회복지조직에서 프로그램 관리의 수준도 프로그램 유지관리 수준에서 현상 개선과 향상을 위한 목표 관리 수준으로 그리고 향후 구조 변화로 전환될 것으로 판단된다(신복기 외, 2000).

넷째, 환경관리 차원에서 보면, 1990년대 이후 사회복지는 급격한 환경 변화를 경험하고 있는데 사회복지조직이 정확하고 적절하게 환경을 인식하는 것은 조직의 생존에 절대적으로 중요하며 환경과의 관계에서 적합성을 강화하는데 매우 중요한 기능을 하기 때문이다. 이러한 중요성 때문에 조직은 환경적 요구를 상시적으로 사정하려는 노력을 하지 않으면 안된다. 먼저, 조직과 관련된 외부집단 및 조직에 대해서 파악하고 그 중요성을 이해하려는 노력을 한다. 둘째, 외부집단 및 조직이 우리 조직에 대해 평가하는 기준을 이해하고 그에 대한 적절한 대응적 활동을 모색한다. 마지막으로 외부의 평가 기준을 준거로 하여 우리 조직 활동의 파급효과를 파악하려는 노력을 한다면 조직의 환경 대응력을 키우면서 조직의 생존과 발전을 가져올 수 있다는 측면에서 매우 중요한 의미를 가질 수 있다(장신재, 2006).

또한 인력차원에서의 환경관리는 조직 구성원 중 최고관리자가 가장 많은 노력을 해야 한다. 조직의 리더는 행정 관리의 지향점을 외부 환경에 두어야 한다. 사실 이제까지 사회복지조직 리더들은 외부 환경의 변화에 무관심하거나 소극적인 대응을 주로 해왔었다. 그러다가 급격한 환경변화를 맞게 되고 서서히 적극적인 자세로 변화되기 시작하였다. 외부 환경 관리를 실천하기 위해서는 우선 조직을 개방체계적인 관점으로 볼 수 있는 인식전환이 요구된다. 또한 조직과 외부 환경과의 관계를 분석하고 이해할 수 있는 지식체계와 함께 리더십 역할과 기술을 익힐 필요가 있다.

환경 관리의 많은 책임이 최고관리자에게 있는 것은 분명하지만 전적으로 최고관리자만이 책임져야 하는 것은 아니다. 전 조직 구성원들이 외부 환경의 변화에 민감해야 하고 상황의 변화가 환경의 변화로 이러지는 것을 미리 예측하고 준비할 필요가 있다. 따라서 사회복지조직의 환경관리는 다양한 차원에서의 경쟁력을 강화함으로써 가능해 진다. 경쟁력은 조직의 혁신을 통해 확보될 수 있다. 현재의 상태에 대한 냉정한 평가, 변화가 필요하다는 신념이 조직구성원들에게 보편화되어 있는 것, 지속 가능한 리더십, 융통성있는 조직 운영 등이 반드시 요구된다(장신재, 2006).

제12장 교정복지행정론

교정복지란 수용자들에 대하여 사회복지적 실천기술론으로 개입과 원조를 행하는 모든 사회복지적 활동을 말한다. 따라서 교정복지행정이 이루어지는 곳은 원칙적으로 교도소와 관련 비행센터 내에서 교정복지사에 의하여 교정복지가 이루어지게 된다. 여기서는 교정복지행정의 기초적인 지식만 다루기로 한다.

먼저 교도소의 업무는 다음과 같다.

〈표 1 : 교정본부〉

팀명	업무내용
교정기획과	· 교정행정에 관한 종합계획의 수립 및 시행 · 교정행정관계법령의 입안 · 교정행정공무원의 배치·교육훈련 및 복무감독 · 지방교정청·교도소·구치소의 조직 및 정원관리에 관한 자료 작성 · 지방교정청·교도소·구치소에 대한 지도 감독 · 교도소·구치소(이하 "교도소등"이라 한다)의 순회점검에 관한 사항 · 교정행정관계 각종 행사계획의 수립 및 시행 · 교정관련 국제협력 및 교정공무원의 국외훈련 · 교정관련 홍보 업무 · 그 밖에 본부 내 다른팀의 주관에 속하지 아니하는 사항
보 안 과	· 수용자의 수용·처우 및 석방에 관한 기본계획의 수립·시행 · 수용자의 이송에 관한 사항 · 수용자의 규율·계호 및 보안에 관한 기본계획의 수립·시행 · 공안사범의 수용·처우·이송 및 석방에 관한 사항 · 공안사범의 규율·계호 및 보안에 관한 사항 · 공안사범의 청원에 관한 사항 · 수용사고 조사 및 사고예방 등에 관한 지도 · 수용자의 선거 및 수용기록에 관한 사항 · 교정행정의 정보화 및 전산장비 운영 업무 지도·감독에 관한 사항 · 출정(出廷)업무 지도·감독에 관한 사항 · 접견업무 지도·감독에 관한 사항 · 교정시설의 경비 및 비상훈련에 관한 기본계획의 수립·시행 · 교정시설의 무기 및 탄약 관리의 지도 · 보호장비 및 보안장비의 운영에 관한 종합계획의 수립·시행 · 교정시설경비교도대의 조직 및 정원관리 · 경비교도의 임용 및 배치 · 경비교도의 복무·후생 및 교육훈련에 관한 제도 및 기본계획의 수립·시행
작업훈련과	· 교도작업특별회계의 경리·용도 및 결산 · 교도작업의 계획 관리 및 통제 · 교도작업특별회계 소관의 물품 및 국유재산관리 · 직업훈련에 관한 계획 수립 및 제도개선

복 지 과	· 교정행정예산의 편성 및 배정에 관한 자료작성 · 교정시설 및 장비에 관한 사항 · 교정행정공무원의 피복 및 급양에 관한 사항 · 수용자의 영치금품관리제도에 관한 사항 · 수용자의 피복 및 급양에 관한 사항 · 수용자및원생급식관리위원회의 운영에 관한 사항
사회복귀과	· 수형자의 교육 및 교화에 관한 기본계획의 수립 · 시행 · 수형자의 교화프로그램 연구 및 개발 · 수형자의 검정고시 교육과정 및 평생교육 등에 관한 기본계획의 수립 · 시행 · 수형자의 교육프로그램 시행에 관한 사항 · 공안사범의 교육 및 교화에 관한 사항 · 수용자(피보호감호자를 포함한다. 이하 같다) 교화방송에 관한 사항 · 교정위원의 위촉 · 해촉 및 지도관리 등에 관한 사항 · 수형자 사회복귀 중장기 계획수립 및 관계 법령 · 제도 연구 · 사회복귀지원사업 관련 법인에 대한 인 · 허가 및 관리 · 감독 · 수형자의 귀휴 · 사회견학 및 봉사체험에 관한 사항 · 석방예정자 사회적응교육 및 지원에 관한 사항 · 가족만남의 집, 가족만남의 날 계획수립 및 시행 · 불우수형자 가족지원을 위한 계획의 수립 · 시행
분류심사과	· 수형자의 분류처우에 관한 기본계획의 수립 · 시행 · 개별처우계획의 수립 및 처우프로그램의 개발 · 과학적 분류기법의 개발 · 운영에 관한 사항 · 분류처우회의 운영 및 관리에 관한 사항 · 가석방심사 업무에 관한 사항 · 가석방심사위원회의 운영 및 관리에 관한 사항 · 교정행정 관계법령의 입안 · 민영교도소 운영의 관리 · 감독에 관한 사항 · 교정행정관련 주요 제도개선에 관한 사항
의료과	· 수용자의 보건위생관리 종합계획의 수립·시행 · 수용자의 의료 및 약제에 관한 사항 · 의료장비의 공급 및 관리계획의 수립·시행 · 수용자 건강검진에 관한 계획의 수립·시행 · 수용자 질병예방 관련 업무

출처 : 교정본부 홈페이지

〈표 2 : 교도소〉

과명	업무내용
총무과	· 인사·관인 및 관인대장의 관리 · 문서의 접수·발송·편찬 및 보존과 통계 · 보고·수용·석방·영치·차입·예산·결산 및 금전의 출납 · 기타 소내 다른 과의 주관에 속하지 아니하는 사항
보안과	· 직원의 훈련·점검 및 규율 · 수용자의 구금 및 계호(천안개방교도소의 경우에는 지도) · 수용자의 상벌·출정·접견·무기 및 경비
분류심사과	· 수용자의 자질검사 · 처우의 분류 · 교육 및 작업의 적성판정 · 누진처우 및 가석방
직업훈련과	· 교도작업특별회계의 재산 및 물품수급과 작업계획·경영·관리 · 수용자의 직업훈련 · 작업상여금의 계산 · 작업통계
사회복귀과	· 수용자의 교육·교화·생활지도 및 서신 · 귀휴와 석방자 보호
복 지 과	· 물품의 출납·용도·건축 및 영선 · 국유재산의 관리 · 수용자에 대한 급여
의 료 과	· 소내의 위생 · 수용자의 보건·의료 및 약품조제

출처 : 교정본부 홈페이지

위의 도표에서 교정복지가 전달되어지는 경로를 살펴보며 먼저 법무부장관과 법무부차관 및 교정본부장을 거치게 된다. 그리고 교정본부에서는 교정서비스공공재와 교정복지공공재의 생산과 유통에 관한 1차적 담당기관은 먼저 교정기획과이다. 교정기획과에서 우선 교정복지 서비스의 생산에 대한 기획과 예산 배정이 결정되면 그 다음으로는 교정본부의 사회복귀과에서 수형자의 사회복귀에 관한 교정복지적인 내용에 관한 기본적인 사항을 수립하고 시행하게 된다.

교정본부에서 결정된 이러한 교정공공복지 서비스에 관한 내용은 그 다음으로 지방교정청의 사회복귀과로 전달되어지게 된다. 지방교정청의 사회복귀과를 거쳐서 전달된 교정복지의 내용은 교도소의 사회복귀과로 일선기관에 전달되고 그렇게 되고 나면 가장 최 일선기관인 교도소의 사회복귀과에서 교정복지공공재가 생산되고 집행이 되게 된다. 그리고 일선기관인 교도소에서 집행된 교정복지공공재의 생산내용과 문제점은 다시 계선기관인 교정조직을 따라 환류와 피드백의 과정을 거치게 되고 그 결과 보다 세련된 교정복지정책이 결정되는 순환론적 계층화 과정을 거치게 된다.

이러한 교정복지공공재의 생산과 전달과정은 정치성을 띠게 되며 다양한 사회세력의 역동적인 힘이 작용하게 된다. 가령, 현재 극소수의 모범수에게만 허용되는 부부만남의 집의 이용요건이 너무 엄격하다는 비판이 교정복지의 공공재에 미치는 영향을 살펴보면 다음과 같다.

먼저, 법무부 교정본부의 기획과와 사회복귀과에서 현행 가족만남의 집에 대한 여러 문제점과 개선방안과 예산 등을 점검하여 개선방안을 만드는데 이때 국민의 응보적 감정, 입법부의 태도와 예산 등 재정상태, 교도소의 시설 등 다양한 문제점 등이 거부점(veto point)과 접근점(access point)의 역동적 과정을 거치게 되어 최종안이 결정된다.

이러한 가족만남의 집에 관한 개선방안을 법무부 교정본부를 거쳐 지방교정청과 일선최종기관인 교도소로 전해지게 되면 해당 지역의 교도소의 사회복귀과는 교정복지사와 사회복지사의 도움으로 교정복지실천 서비스를 제공하게 되고 이 과정에서 나타난 문제점에 대해서는 다시 피드백과 환류의 과정을 거쳐서 새로운 정책의제 설정모형에 영향을 미치게 되고 새로운 정책이 생산된다. 이를 그림으로 나타내면 다음과 같다.

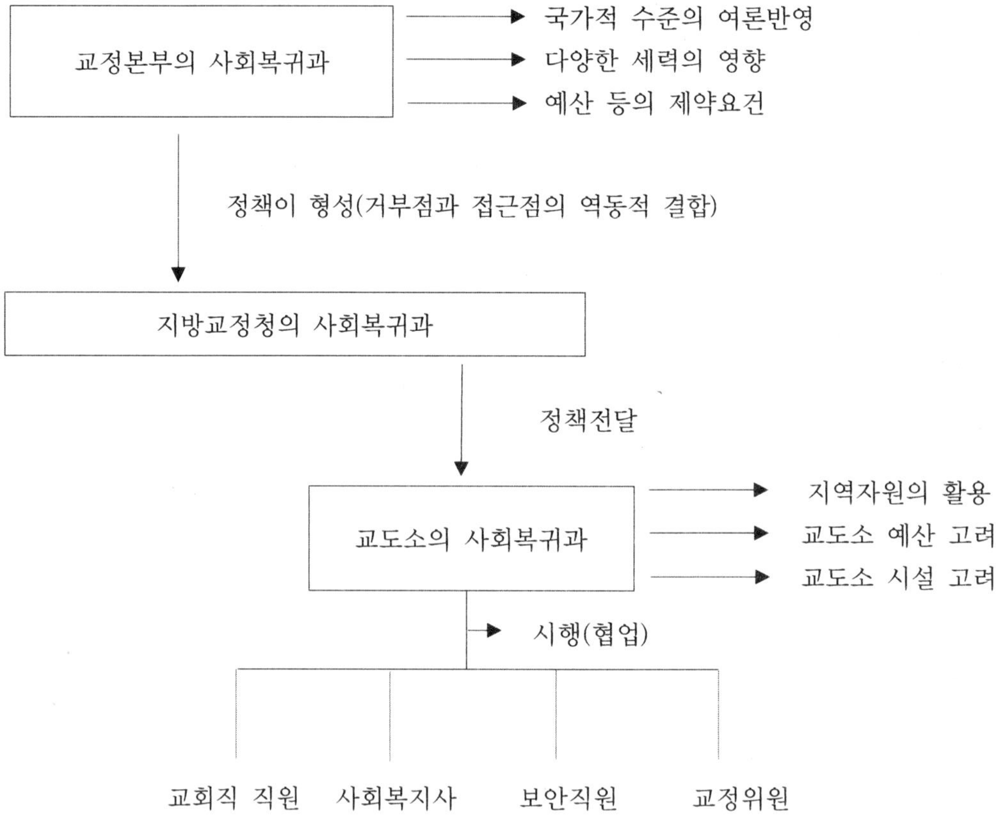

위의 그림에서 일선교도소에서는 해당 지역의 수용자에게 교정복지를 행하기 위해서는 먼저 해당 지역의 관련 자원들을 동원하고 탐색할 수 있어야 한다. 가령, 교정복지공공재의 생산에 기초적 자원들이 해당 지역사회에 존재하는가를 파악한 다음에 충분한 교정복지 자원을 확보한 뒤에 관할 지역의 동사무소의 사회복지사와 관할 지역의 해당 교도소의 교화이원 및 보안과 직원 및 교회직 직원들이 협동으로 해당 클라이언트인 수형자에게 가장 맞는 교정복지 서비스를 생산하게 된다. 이 과정에서 모든 문제점과 시행효과를 담당 사회복지사는 사례관리로 기록하고 다음에 이와 유사한 사례에 참조하도록 한 다음에 이를 피드백 시킨다.

이렇게 교정복지는 최종일선기관에서는 협업적 집행이 중요시 되며 행정관료인 교회직 직원과 보안직 직원의 관료지향적인 한계를 비관료제적인 사회복지사와 교정위원이 보충해야 한다. 그것은 행정관료는 교정복지공공재의 집행과정에서 오직 법규에 의해서만 생산하려고 활동하므로 소극적 생산의 기본적인 한계를 가지므로 비관료적 마인드와 기본소양으로 무장된 교정복지사와 사회복지사는 대상 수형자인 클라이언트에 대해서 정서적, 관계적 개입을 하는 예민한 부분에서 교정복지공공재의 미시적인 작업을 해야 한다.

참고문헌

고수현 외(2002), 사회복지개론, 대학출판사.

김성한(2001), "사회복지기관 직원의 동기부여 : 소진(Bornout)에 대한 이해를 중심으로." 한국사회복지행정학회 2001년 추계학술대회 및 Workshop. pp. 75-88.

김영종(1998), 한국사회복지행의 환경변화와 영역 과제, 한국사회복지행정학 제1호.

김영종(2004), 사회복지행정론, 학지사.

김영종(2001), 사회복지행정, 학지사.

김익균 외(2003), 사회복지행정, 교문사.

김치영(2004), 사회복지와 행정, 세종출판사.

김태수 외(1998), 복지행정론, 대영 문화사.

김해동 외(1991), 사회행정, 한국방송통신대학.

김형식 외(2001). 사회복지행정론, 동인.

김형식 · 이영철 · 신준섭(2002), 사회복지행정론. 동인.

노시평 외(1999), 정책학, 학현사.

문인숙 · 김미혜(1995), 사회복지기관행정론 제2판, 동인.

박경문(1995), 인사관리론, 세종출판사.

박내희(1997), 인사관리, 박영사.

박차상(2002), 사회복지행정론, 대학출판사.

박차상(1999), 현대사회복지행정론, 대학출판사.

박태룡(1997), 사회복지행정, 홍익출판사.

보건복지부(2008), 2008년도 사회복지시설관리안내, 보건복지부.

서동희(2002), "행정기획실무", 교육행정능률향상과정, 서울특별교육연수원.

서울시 · 서울시정개발연구원(2003), 서울복지재단설립 타당성 및 구성방안 연구.

서울시사회복지협의회(2006), 서울시사회복지백서.

성규탁 역(1985), 사회복지 행정조직론, 박영사.

성규탁(1985), 사회복지행정론, 법문사.
성규탁(1996), 사회복지행정론, 법문사.
송호근(2001), 세계화와 복지국가, 나남출판사.
신기석(1988), "복지이념과 복지국가의 모형 분석", 동아논총, 제25집, 동아대학교.
신복기 외(2003). 사회복지행정론, 양서원.
신복기 · 박경일 · 장중탁 · 이명헌(2002), 사회복지행정론, 양서원.
신복기 · 박영일 · 장중탁 · 이명현(2007), 사회복지행정론, 양서원.
신섭중 · 부성래(1989), 사회복지기관의 재무관리, 대학출판사.
안해균(1982), 현대행정학, 다산출판사.
윤혜미(1993), "소진 : 그 다면적 이해와 대응방안", 한국사회복지학. vol. 22. pp. 118-141.
이종수 외(2005), 새행정학. 대영문화사.
장동일(2004), 사회복지행정론, 학문사.
장동일(2004), 한국사회복지법의 이해, 학문사.
장신재(2006), 사회복지행정론, 나눔의 집.
장인협 외(2006), 사회복지행정론. 서울대학교출판부.
장인협 외(2000), 사회복지학, 서울대학교출판부.
전재일 외(2006), 사회복지개론, 형설출판사.
전재일 외(2000), 사회복지정책론, 형설출판사.
정무성. "사회복지기관 직원의 직무분석." 한국사회복지행정학회 2001년 추계학술대회 자료집, 한국사회복지행정과 임파워먼트, pp. 99-112.
정인숙(2008), 사회복지서비스 전달체계 개선방안에 관한 연구, 동국대학교 석사학위논문.
지은구(2005), 사회복지행정론, 청목출판사.
최성재 · 남기민(2001), 사회복지행정론, 나남.
최성재 외(2002), 사회복지행정론, 나남출판사.
최항순(1993), 사회복지행정론, 신원문화사.
테레사 쿨라빅(2000), 복지국가와 여성정책, 새물결.
한국보건사회연구원(2008), 사회복지서비스 공공전달체계 개선방안, 보건복지가족부.
한국보건사회연구원(2002), 사회복지사 양성과정 교재, 한국보사연.

한국사회복지협의회(2006), 중간관리자 행정관리과정, 한국사회복지협의회.
행정자치부(2006).
허만형(2004). 사회복지행정론, 법문사.
황규대(2000), 조직행위론, 박영사.
황성철 외(2005), 사회복지행정론, 현학사.
황성철 · 정무성 · 강철희 · 최재성(2007), 사회복지행정론, 학헌사.
황진수(2003), 현대복지행정론, 대영문화사.

Dunham, A.(1962), Community Welfare Organization : Principles and Practice, New York : Thomas Y. Croswell Company.

Esping-Andersen, G.(1990), The Three World of Welfare Capitalism. Polity Press.

Frindlander, Walter. A and Apte, Robert. Z.(1980), Introduction to Social Welfare, Englewood Cliffs, NJ: Prentice-Hall.

Gates, B.(1980), Social Program Administration: The Implementation of Social Policy, Englewood Cliffs, NJ:Prentice Hall.

Gilbert, N. and Specht, H.(1986), Dimensions of Social Welfare Policy, 2nd ed. NJ: Prentice-Hall

Hasenfeld, Y.(1983), Human Service Organizations. Englewood Cliffs, NJ: Prentice-Hall.

Hoy, W. K. & Misker, C. G.(1987), Educational administration: theory, research, and practice. New York: Random House

Lewis, J(1993), Women and Social Policies in Europe, Edward Elgar.

Merton, R.(1957), Social theory and social structure, New York: Free Press.

Neugeboren, B.(1984), Organization, Policy and Practice in the Human Services. NY: Longman.

Neugeboren, B.(1985), Organization, Policy and Practice in the Human Service. New York: Longman.

Patti, R. J.(1983), Social Welfare Administration : Managing Social

Programs In A Developmental Context, Englewood Cliffs, N. J. : Prentice-Hall.

Ph.D dissertation.(2001), The University of Birmingham.

Sainsbury, D.(1994), Gendering Welfare States, London : Sage.

Seo, D. Women and Pension Policy in Sweden, Britain and Korea.

Skidmore, R. A.(1995), Social Work Administration : Dynamic Management and Human Relationships(3rd ed.). Needham Heights, MA : Allyn & Bacon.

Skidmore, R. A.(1983), Social Wkrk Administration, Dynamic Management and Human Relationships, Englewood Cliff, N. J. Prentice-Hall

Strauss, A.(1986), Psychiatric Ideologies and Institutions. NY: The Free Press.

Trecker, H. B.(1977), Social Work Administration : Principles and Practice, New York : Association Press.

Weber, M.(1947), The theory of social and economic arganization. Talcott Parsons(Ed.), A. M. Henderson and Talcott Parsons(trans). New York: Free Press.

Weiner, M. E.(1990), Human Service Management : Applications. 2nd ed. Belmont. CA : Wadsworth Publishing Co.

Wilensky, H. L. and Lebeaux, C. N.(1965), Industrial Society and Social Welfare, New York : The Free Pres.

Williams, F.(1989), Social Policy : A Critical Introduction. Polity Press.

저자소개

박영숙: 성산효대학원대학교 사회복지학과 교수

천정환: 동서대학교 경찰행정학과 교수

강영실: 웨스트민스터대학원대학교 사회복지학과 교수

고명석: 명지대학교 평생교육원 사회복지학과 교수

김주연: 전, 명신대학교 사회복지학과 교수

황희숙: 한북대학교 사회복지학과 교수